11 Plus Vocabulary Antonyms & Synonyms Book 3

Saba Safdar

© 2025 11 Plus Study Centre Ltd. All rights reserved.

No part of this book may be copied, reproduced, stored, or transmitted in any form, digital or print, without the publisher's prior written permission, except for brief quotations for review purposes.

This book is intended for individual use only. **Bulk purchase discounts are available for schools, tuition centres, and educational institutions.** For enquiries, please contact:

Email: info@11plusstudycentre.com

Website: www.11plusstudycentre.com

ISBN: 9798282589252

Published by **11 Plus Study Centre Ltd.**

Author: **Saba Safdar**

First Edition: 2025

All reasonable efforts have been made to ensure accuracy in this book. However, the publisher and author accept no responsibility for errors, omissions, or any consequences arising from the use of this material.

This book is an independent publication that is not affiliated with any official examination boards.

Introduction to Mastering Antonyms & Synonyms: 11+ & SATs Vocabulary Workbook - Book 3

Welcome to the Mastering Antonyms & Synonyms Workbook, a thoughtfully designed resource that helps children enhance their vocabulary and verbal reasoning skills in preparation for the 11+ exams, SATs, and beyond.

Understanding antonyms (words with opposite meanings) and synonyms (words with similar meanings) is crucial for grasping language, improving reading comprehension, and excelling in verbal reasoning tests. A rich vocabulary supports children in their exams and enhances their everyday communication and writing.

This workbook has engaging activities, including word grids, puzzles, and multiple-choice exercises, designed to make learning enjoyable and effective. The exercises promote independent learning and build confidence.

Whether your child is preparing for grammar school entrance exams, revising for Key Stage 2 SATs, or simply looking to expand their vocabulary, this book provides the consistent practice they need.

We recommend working through a few pages at a time, revisiting challenging words, and celebrating progress. With regular use, you'll soon notice your child becoming more fluent, expressive, and prepared for exams.

Answer Book

The PDF answer book can be downloaded from:

https://www.11plusstudycentre.com/antonyms-and-synonyms-answers

How to Use This Book

This workbook is designed to be flexible, engaging, and easy to follow, whether at home, during tutoring sessions, or in the classroom. Here's how to get the most out of it:

1. Take It One Step at a Time

Complete 1- 4 pages per session. Short, regular practice is far more effective than cramming. Aim for 15 - 20 minutes, a few days a week.

2. Read Instructions Carefully

Each section has clear instructions. Encourage your child to read them aloud and explain what they are being asked to do - this strengthens understanding and promotes independent learning.

3. Discuss Vocabulary

When your child encounters a new or challenging word, take a moment to discuss its meaning. Use it in a sentence or look it up together. This makes learning more memorable.

4. Check Answers Together

Use the downloadable answers to review the work with your child.

5. Repeat for Confidence

It's perfectly fine to revisit sections! Repeating activities after a break helps reinforce learning and build lasting confidence.

6. Make It Fun

Incorporate a timer, create mini-challenges, or keep a progress chart. A little motivation and encouragement go a long way.

With consistent use, this book will help your child expand their vocabulary, improve their understanding of word relationships, and feel more confident in both classroom work and examination settings.

Let the word fun begin!

Instructions for Each Question Type

These instructions will help parents, teachers, and tutors guide children through the different types of vocabulary exercises in this book. Follow these tips to ensure effective learning and engagement.

1. Word Grids I

Find the words from the word bank that match the numbered clues. Then, locate each word in the letter grid and draw a line connecting its letters.

1.
N	B	C	X	L
V		R	P	B
P	S	L	X	X
M	N	T	T	W
I	R	G	N	F

5.
M	M	R	G	C
Q	O	L	L	A
U	U	L	A	I
H	S	I	W	N
M	V	H	O	Q

2.
U	D	Q	S	Y
D	P	J	L	N
L	O	Y	Z	E
E	R	A	L	W
Y	Y	I	M	K

6.
F	V	B	V	N
V	X	E	S	G
V	E	X	L	H
E	M	P	H	Y
X	B	L	A	R

3.
M	A	K	I	V
B	C	R	W	U
K	B	Z	I	U
X	J	E	D	C
H	X	N	G	G

7.
U	E	V	P	M
D	C	E	L	P
U	F	N	U	D
Q	X	T	I	F
O	F	C	L	U

4.
L	S	I	M	P
P	A	V	E	L
J	B	T	W	R
N	Y	J	U	M
J	U	I	H	B

8.
O	H	H	C	Z
A	B	D	C	X
N	P	K	O	M
A	J	D	V	P
L	C	E	S	O

1. Fresh and firm
2. Faithful to someone
3. Having great distance across
4. Not complicated

5. Not caring about others
6. Setting a good example
7. Having lots
8. Calm and controlled

A. exemplary	B. plentiful	C. loyal	D. callous
E. crisp	F. simple	G. wide	H. composed

How to Help:

- First, read the clue. Example – 1. Fresh and firm.
- Ask your child to look at the word bank and see which word could mean 'Fresh and firm'. In the example, it is CRISP.
- Find the word's first letter and then join the remaining letters together. See question 1 above.

2. Crossword Puzzles

How to Help:

- Read the clues carefully with your child.
- If stuck, brainstorm words that fit the given definition.
- Write down possible answers before filling in the grid.
- Check if the word fits correctly with intersecting letters.

3. Word Trails

Find the antonym from the word bank that matches the clue. Then, starting with the circled letter, follow the connected letters through the maze to the last letter. The path can move in any direction.

1. despicable
2. cause
3. significant
4. unattached

5. tragedy
6. appreciate
7. quit
8. fail

A. tiny   **B.** comedy   **C.** accomplish   **D.** prevent
E. devalue   **F.** commit   **G.** secured   **H.** laudable

How to Help:

- Look at the first clue – **1. Despicable**
- Then locate the antonym or synonym (depending on the question) from the word bank. In this case, the antonym is **laudable**.
- Draw a line through the letters on the grid that spell laudable.
- Then look at clue **2. Cause.**
- The antonym is **prevent**.
- Draw a line through the letters that spell prevent. Continue doing this for all the words.

4. Word Grids II

Find the antonym from the word bank that matches the clue. Then, locate the hidden words moving up, down, left, or right with one turn and possible crossovers.

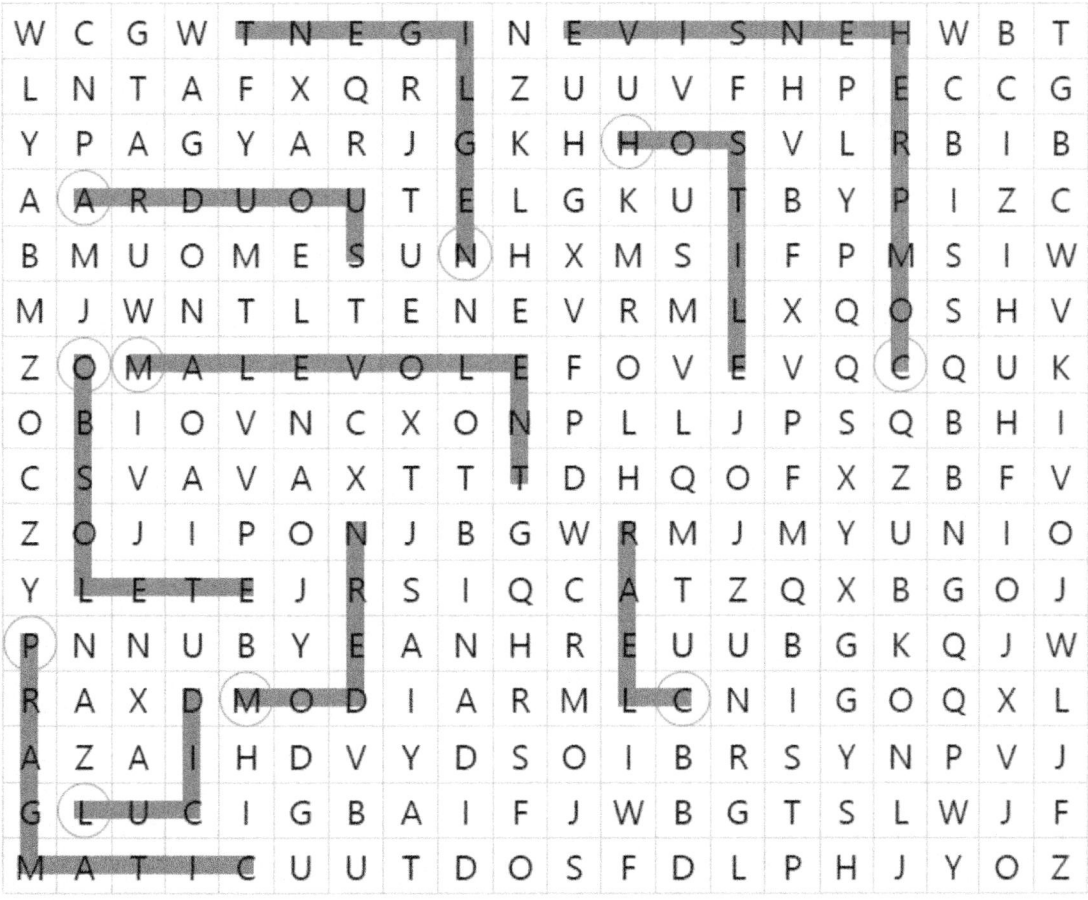

1. vague
2. friendly
3. outdated
4. careless
5. current
6. limited
7. kind
8. confused
9. easy
10. impractical

A. hostile
D. modern
G. obsolete
J. arduous

B. comprehensive
E. lucid
H. pragmatic

C. malevolent
F. negligent
I. clear

How to Help:

- Look at the first clue – **1. Vague**
- Then locate the antonym or synonym (depending on the question) from the word bank. In this case, the antonym is **clear**.
- Draw a line through the letters on the grid that spell clear (the starting letter has a circle around it). There will also be one turn in the direction as you draw the line.

Find the antonym (opposite word) of the bold word. Circle the correct answer.

1. **deep**
   A. differ   B. unlucky   C. solid
   D. happy   E. shallow

2. **urgent**
   A. reveal   B. unimportant
   C. worse   D. unreliable   E. avoid

3. **humble**
   A. proud   B. frigid
   C. undeserving   D. despair
   E. confused

4. **majority**
   A. absent   B. encourage
   C. minority   D. energetic
   E. retreat

5. **liberate**
   A. depressed   B. confine
   C. refreshed   D. inconvenient
   E. negative

6. **tedious**
   A. write   B. engaging   C. joyful
   D. inside   E. bloom

7. **accomplished**
   A. come   B. kind   C. delightful
   D. injustice   E. unaccomplished

8. **eligible**
   A. capable   B. diminish   C. non-flammable   D. ineligible   E. last

9. **explicit**
   A. destitute   B. inconsistent
   C. obvious   D. inaccurate
   E. implicit

10. **courteous**
    A. cheery   B. ignorant
    C. damage   D. discourteous
    E. unimportant

11. **weary**
    A. refreshed   B. impossible
    C. engaging   D. harm
    E. laborious

12. **serene**
    A. outdoor   B. protected
    C. close   D. minority   E. chaotic

13. **worthy**
    A. concerned   B. dishonour
    C. unworthy   D. careless
    E. implausible

14. **clarity**
    A. confusion   B. legal
    C. inconsiderate   D. female
    E. unqualified

Find the antonyms from the word bank that match the numbered clues. Then, locate each word in the letter grid and draw a line connecting its letters.

1. | A | F | C | O | I |
    |---|---|---|---|---|
    | P | F | Q | N | P |
    | F | C | L | C | W |
    | P | D | U | X | E |
    | Q | E | I | I | G |

    _____

2. | W | I | V | D | O |
    |---|---|---|---|---|
    | K | J | E | X | P |
    | R | E | V | T | N |
    | T | D | O | R | B |
    | F | M | D | T | N |

    _____

3. | G | I | M | P | P |
    |---|---|---|---|---|
    | D | S | E | R | X |
    | H | I | C | H | B |
    | W | S | E | C | P |
    | D | Y | L | V | K |

    _____

4. | P | Y | C | G | R |
    |---|---|---|---|---|
    | P | I | N | N | E |
    | M | X | F | O | R |
    | H | E | E | Y | S |
    | G | P | B | I | G |

    _____

5. | I | K | T | G | I |
    |---|---|---|---|---|
    | Y | A | F | F | N |
    | L | B | I | U | S |
    | C | T | C | N | T |
    | U | W | I | E | I |

    _____

6. | B | J | Z | E | E |
    |---|---|---|---|---|
    | K | T | A | R | F |
    | R | A | T | L | E |
    | O | M | T | I | H |
    | E | D | J | C | T |

    _____

7. | E | A | X | W | Y |
    |---|---|---|---|---|
    | U | F | W | Q | U |
    | Y | Z | B | R | D |
    | D | O | R | P | J |
    | F | A | D | E | N |

    _____

8. | S | H | B | I | N |
    |---|---|---|---|---|
    | M | W | C | U | W |
    | S | J | E | T | A |
    | A | P | P | E | I |
    | I | Y | R | E | C |

    _____

1. begin
2. private
3. exact
4. outer

5. adequate
6. catch
7. specialise
8. despise

A. inner	**B. appreciate**	**C. free**	**D. conclude**
E. imprecise	**F. extrovert**	**G. broaden**	**H. insufficient**

Pick the antonym from the word bank for each clue and write it in the grid.

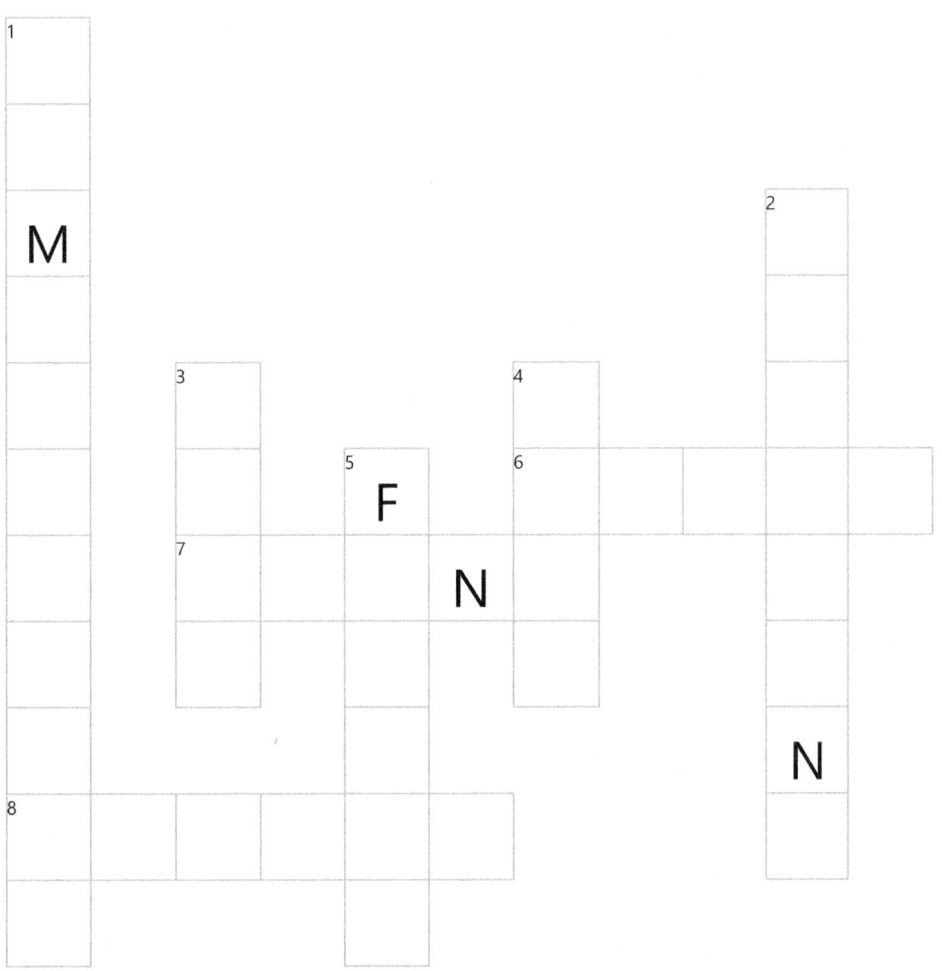

ACROSS
6. ban
7. back
8. keep

DOWN
1. industrial
2. complaining
3. firm
4. love
5. allow

| A. retain | B. forbid | C. front | D. praising |
| E. soft | F. admit | G. hate | H. domiciliary |

Find the antonym from the word bank and write it on the line.

1. _____ stale

2. _____ sour

3. _____ lazy

4. _____ dangerous

5. _____ light

6. _____ wise

7. _____ beautiful

8. _____ soft

9. _____ short

10. _____ fast

11. _____ dirty

12. _____ fat

A. thin	B. tall	C. sweet	D. ugly
E. dark	F. clean	G. foolish	H. industrious
I. safe	J. hard	K. slow	L. fresh

Find the antonym of the bold word. Circle the correct answer.

1. **energetic**
   A. lethargic   B. destroy   C. logical   D. great   E. reasonable

2. **valid**
   A. gaunt   B. hasty   C. cheerful   D. expired   E. dignified

3. **sad**
   A. optimistic   B. glad   C. lose   D. confirm   E. good

4. **thriving**
   A. past   B. expensive   C. wisdom   D. dying   E. add

5. **low**
   A. dilute   B. decent   C. high   D. pale   E. kindle

6. **protected**
   A. effortless   B. debatable   C. lock   D. anchor   E. endangered

7. **take**
   A. dishevelled   B. give   C. separate   D. hinder   E. certain

8. **unhealthy**
   A. despair   B. advantage   C. waning   D. healthy   E. many

9. **supply**
   A. plausible   B. dying   C. flawless   D. demand   E. detailed

10. **delay**
    A. miserable   B. ruthless   C. bland   D. hasten   E. diminutive

11. **strip**
    A. decorate   B. everywhere   C. cold   D. help   E. give

12. **laborious**
    A. fickle   B. acquit   C. plural   D. effortless   E. rigid

13. **difficulty**
    A. lenient   B. woeful   C. disgust   D. ease   E. beneficial

Find the antonym from the word bank that matches the clue. Then, starting with the circled letter, follow the connected letters through the maze to the last letter. The path can move in any direction.

Y	L	U	R	A	X	R	Z	I	E	L	P	U	V	N	O	N	R	H	D	M
A	V	W	P	P	L	I	B	D	D	F	Q	C	Y	D	P	H	K	Q	Z	K
H	U	Z	E	A	Q	Z	V	A	D	K	I	I	X	Q	Y	B	K	L	I	Y
F	A	G	Z	S	W	J	Y	F	G	R	E	C	S	B	W	K	O	V	J	F
C	H	D	U	A	(L)	A	U	I	U	B	N	R	F	Z	E	R	L	C	T	S
I	S	A	B	L	E	P	R	E	F	I	T	P	X	U	W	T	D	F	E	P
L	P	M	B	R	W	P	Z	V	T	C	Z	M	R	X	V	W	H	A	G	M
C	C	O	M	Q	Q	H	E	E	N	T	F	G	B	U	I	I	D	A	E	O
A	T	I	M	W	X	P	O	D	P	T	S	S	Z	U	G	O	K	X	S	P
E	C	O	M	U	Q	H	R	P	O	I	I	W	M	P	O	F	K	U	W	L
U	L	A	V	E	N	I	Z	Y	R	N	Y	S	E	M	C	X	U	X	Q	N
X	Q	V	D	D	Y	D	E	M	O	C	D	B	C	S	O	N	T	M	Z	H
P	S	C	O	A	M	I	F	X	V	A	E	R	U	C	Y	T	X	I	N	J
W	R	X	V	Z	V	U	K	D	R	F	I	R	A	J	R	J	Y	J	O	W
H	P	K	P	C	Q	T	F	H	V	G	Z	K	Q	H	J	U	T	G	U	Q

1. despicable
2. cause
3. significant
4. unattached

5. tragedy
6. appreciate
7. quit
8. fail

A. tiny **B. comedy** **C. accomplish** **D. prevent**
E. devalue **F. commit** **G. secured** **H. laudable**

Find the antonym from the word bank that matches the clue. Then, locate the hidden words moving up, down, left, or right with one turn and possible crossovers.

1. vague
2. friendly
3. outdated
4. careless
5. current
6. limited
7. kind
8. confused
9. easy
10. impractical

A. hostile	**B.** comprehensive	**C.** malevolent
D. modern	**E.** lucid	**F.** negligent
G. obsolete	**H.** pragmatic	**I.** clear
J. arduous

Find the antonym (opposite word) of the bold word. Circle the correct answer.

1. **forgive**
   A. demolish   B. remember
   C. dawdle   D. strict   E. resent

2. **patient**
   A. impatient   B. delightful
   C. placid   D. indifference
   E. mature

3. **convex**
   A. amicable   B. strong
   C. verbose   D. concave   E. sink

4. **fresh**
   A. sad   B. take   C. improbable
   D. stale   E. clean

5. **same**
   A. different   B. accept
   C. appear   D. mortal   E. stale

6. **cease**
   A. avoid   B. miserable
   C. inappropriate   D. agree
   E. continue

7. **responsible**
   A. irresponsible   B. subtle
   C. unbearable   D. outdated
   E. necessity

8. **coherent**
   A. stingy   B. incoherent
   C. graceful   D. compassionate
   E. discourteous

9. **practical**
   A. uninhabitable   B. deaden
   C. theoretical   D. all
   E. permanent

10. **light**
    A. night   B. dark   C. indecisive
    D. relief   E. incongruent

11. **focused**
    A. confident   B. distracted
    C. frivolous   D. unequal
    E. abnormal

12. **none**
    A. exit   B. all   C. resent
    D. narrow   E. background

13. **offensive**
    A. discord   B. defensive
    C. disagree   D. meagre
    E. unfamiliar

14. **deplete**
    A. neglect   B. indifferent
    C. populated   D. replenish
    E. detach

Find the antonyms from the word bank that match the numbered clues. Then, locate each word in the letter grid and draw a line connecting its letters.

1. | T | W | G | P | D |
    |---|---|---|---|---|
    | L | M | L | F | L |
    | I | V | L | M | P |
    | A | R | P | A | L |
    | B | R | I | V | H |

2. | S | U | C | D | E |
    |---|---|---|---|---|
    | B | P | Q | W | U |
    | L | B | A | R | W |
    | A | A | D | A | V |
    | J | N | D | O | N |

3. | A | S | N | L | V |
    |---|---|---|---|---|
    | P | M | I | L | E |
    | O | V | L | A | U |
    | C | W | Q | I | E |
    | W | K | E | H | Q |

4. | S | X | E | X | A |
    |---|---|---|---|---|
    | K | I | S | A | R |
    | T | U | B | D | I |
    | A | N | M | F | C |
    | K | S | J | U | J |

5. | R | C | I | J | F |
    |---|---|---|---|---|
    | E | N | Z | Q | G |
    | R | K | P | W | R |
    | A | B | P | T | O |
    | R | R | U | C | E |

6. | L | U | E | A | P |
    |---|---|---|---|---|
    | R | O | K | E | C |
    | H | Z | P | E | P |
    | C | E | B | N | B |
    | W | I | Y | O | W |

7. | A | Y | J | N | J |
    |---|---|---|---|---|
    | S | S | Q | S | B |
    | A | C | C | S | D |
    | S | S | E | J | H |
    | I | B | L | E | E |

8. | I | R | D | A | G |
    |---|---|---|---|---|
    | C | A | U | Q | B |
    | T | E | S | N | C |
    | X | W | L | S | E |
    | Y | K | M | L | U |

1. exit
2. keep
3. glare
4. dank

5. gradual
6. abandon
7. inaccessible
8. prevent

A. arid	**B.** cause	**C.** keep	**D.** accessible
E. smile	**F.** abandon	**G.** abrupt	**H.** arrival

Pick the antonym from the word bank for each clue and write it in the grid.

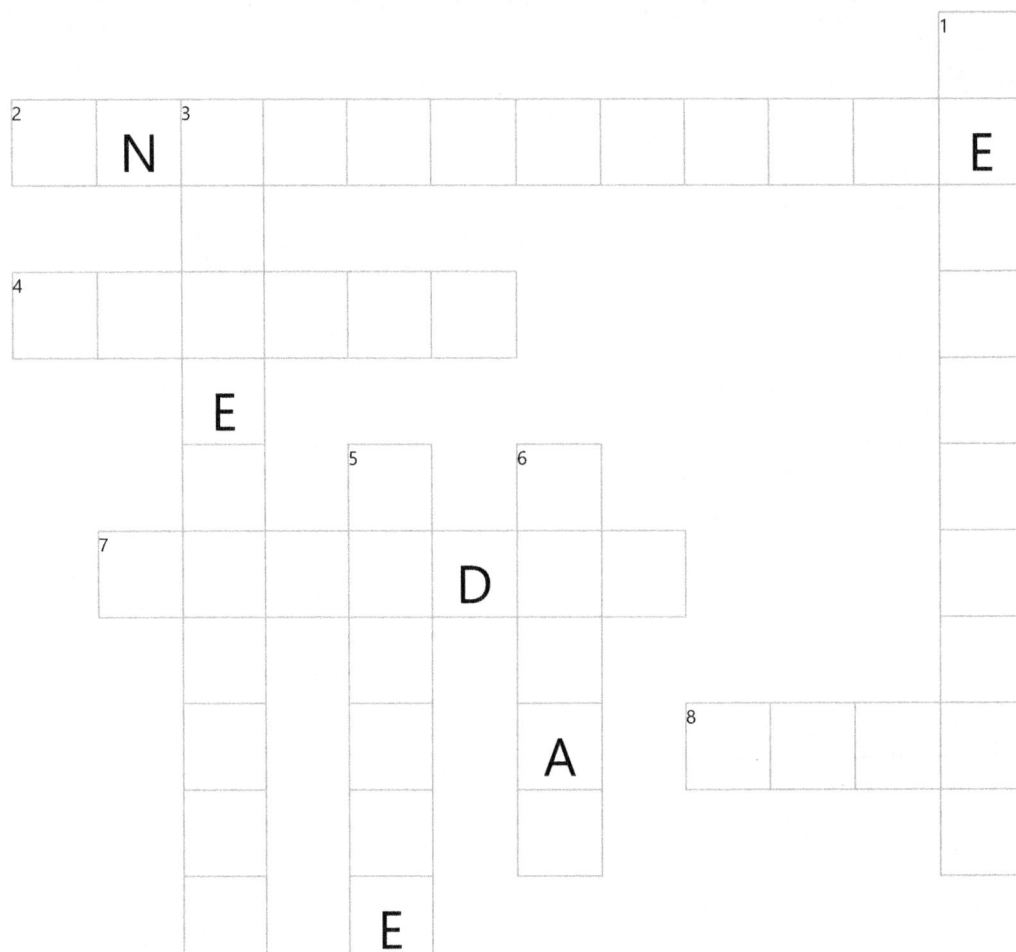

ACROSS
2. grand
4. gradual
7. adjacent
8. excitable

DOWN
1. excellent
3. firm
5. involved
6. unlawful

A. cool
B. detestable
C. divided
D. indefinite
E. unimpressive
F. legal
G. sudden
H. simple

Find the antonym from the word bank and write it on the line.

1. _____ demolish

2. _____ decrease

3. _____ eradicate

4. _____ harsh

5. _____ stunt

6. _____ awkward

7. _____ abandon

8. _____ deplete

9. _____ uninspired

10. _____ lower

11. _____ sorrowful

12. _____ cowardly

A. elated	B. brave	C. charismatic	D. elevate
E. gentle	F. complete	G. increase	H. construct
I. inspired	J. preserve	K. sustain	L. develop

Find the antonym of the bold word. Circle the correct answer.

1. **fortunate**
   A. mourn   B. unfortunate   C. distant   D. honest   E. unfavourable

2. **vivid**
   A. arrive   B. pale   C. solution   D. scarce   E. patient

3. **brief**
   A. collect   B. idle   C. imprudent   D. pale   E. extended

4. **courage**
   A. solid   B. last   C. extraordinary   D. fear   E. starve

5. **compulsory**
   A. night   B. humility   C. violent   D. alert   E. optional

6. **definitive**
   A. continue   B. reliable   C. tentative   D. clean   E. begin

7. **customary**
   A. incomplete   B. unusual   C. colourless   D. disqualify   E. local

8. **first**
   A. last   B. deliberate   C. misunderstand   D. ungrateful   E. negligent

9. **ever**
   A. freeze   B. never   C. unhealthy   D. avoid   E. damage

10. **forgive**
    A. dull   B. resent   C. young   D. lowly   E. robust

11. **hasten**
    A. delay   B. few   C. nowhere   D. laborious   E. simple

12. **right**
    A. blunt   B. frugal   C. flourish   D. wrong   E. consistent

13. **abundant**
    A. bore   B. unethical   C. friendly   D. stale   E. scarce

Find the antonym from the word bank that matches the clue. Then, starting with the circled letter, follow the connected letters through the maze to the last letter. The path can move in any direction.

V	Z	A	R	U	F	G	G	I	M	T	W	B	S	I	L	F	E	W	N	B
J	L	N	R	Q	Z	F	I	W	R	U	M	M	K	H	H	Q	V	I	F	B
B	R	Q	P	S	T	V	H	I	R	H	U	X	M	O	N	A	D	F	A	Y
L	U	Y	K	P	H	B	E	P	J	O	H	A	H	T	X	B	Y	G	K	B
O	A	N	R	O	Y	S	T	P	R	C	E	D	P	X	R	F	D	L	T	C
S	I	T	M	X	E	V	Q	Z	F	Z	Q	W	X	T	K	S	A	I	I	K
Z	R	M	D	X	S	V	F	V	U	V	Q	Y	V	S	U	F	R	U	X	D
Q	L	C	O	G	S	D	G	N	D	C	K	R	T	Q	H	J	Z	M	Z	K
D	K	E	Z	Y	B	B	Q	M	I	O	L	H	I	F	J	O	R	Z	S	Y
H	R	S	F	G	C	B	N	V	R	I	X	S	M	B	Y	P	H	Q	B	Q
B	U	N	Z	K	A	L	K	K	X	U	I	M	H	M	W	S	L	T	R	Z
N	C	E	L	E	G	Z	D	A	S	S	E	L	Q	Q	G	O	O	W	E	K
A	D	N	U	B	T	I	M	D	Z	J	(A)	M	I	A	E	J	Q	I	G	W
E	G	W	R	A	T	R	R	V	I	B	M	P	B	J	C	N	A	D	N	U
V	P	G	Q	E	C	U	I	A	L	E	N	T	D	O	C	I	L	E	A	B

1. unquestionable
2. wilful
3. lack
4. purposeful
5. deny
6. fighting
7. scarcity
8. unlawful

A. abundance **B.** ambivalent **C.** abundance **D.** docile
E. aimless **F.** admit **G.** truce **H.** legal

Find the antonym from the word bank that matches the clue. Then, locate the hidden words moving up, down, left, or right with one turn and possible crossovers.

S	J	U	I	V	X	I	Y	L	P	M	I	S	R	X	J	J	Z	Q	F
M	O	M	O	M	W	R	A	E	P	J	Y	I	S	S	A	H	W	N	M
S	R	D	C	E	K	K	S	R	O	W	U	L	A	A	U	M	X	J	J
O	A	Q	U	Z	E	A	H	E	S	T	I	B	E	T	A	L	U	C	A
M	L	S	D	H	L	D	I	Z	V	H	N	B	V	L	Z	T	H	F	M
O	F	K	E	M	B	O	P	S	J	T	R	G	U	I	F	H	W	I	M
U	Z	U	R	P	I	L	C	H	V	E	S	G	L	C	X	K	V	I	I
S	E	C	U	P	S	L	U	U	E	G	F	Q	D	Y	Q	X	F	N	C
F	F	M	R	Z	S	Y	R	T	T	L	Y	C	A	L	A	M	P	H	V
L	X	R	T	W	E	Z	Z	Q	A	W	B	O	O	U	E	I	M	N	M
K	I	N	A	C	C	Q	Q	R	A	F	P	F	K	W	T	Q	W	Z	
V	E	Z	K	F	F	H	W	B	O	F	O	M	J	D	Y	Y	D	F	U
F	G	Z	O	Z	Q	E	S	K	I	R	E	T	E	D	R	B	O	L	C
J	T	X	G	K	P	J	A	Z	G	F	P	J	K	C	E	R	C	R	C
E	C	K	Q	Z	G	F	F	I	F	U	O	G	I	P	D	E	S	M	X
O	O	V	U	Z	A	J	E	F	P	N	Z	S	P	J	L	G	Z	Y	D

1. filthy
2. progress
3. loathe
4. miracle
5. unethical
6. loose
7. sorrow
8. harmful
9. pretentious
10. accessible

A. inaccessible **B. deteriorate** **C. calamity** **D. moral**
E. secured **F. immaculate** **G. worship** **H. simple**
I. safe **J. bliss**

Find the antonym (opposite word) of the bold word. Circle the correct answer.

1. **junior**
   A. arrive B. intermittent
   C. senior D. exciting
   E. unavailable

2. **gentle**
   A. come B. harsh C. confirm
   D. incredible E. levity

3. **avoid**
   A. resist B. confront C. foul
   D. fresh E. attainable

4. **agree**
   A. basic B. disagree C. dirty
   D. introvert E. succeed

5. **easy**
   A. comfort B. stubborn
   C. difficult D. liberate
   E. wavering

6. **engaged**
   A. legal B. exclude C. thorough
   D. disinterested E. depth

7. **debatable**
   A. horizontal B. hostile
   C. certain D. old E. organized

8. **continual**
   A. worthless B. disinterested
   C. intermittent D. faint E. war

9. **extrovert**
   A. ungrateful B. supply
   C. lenient D. introvert
   E. reluctant

10. **brave**
    A. alive B. downplay C. fearful
    D. joyful E. wise

11. **fractional**
    A. inner B. external C. whole
    D. internal E. wrong

12. **bleak**
    A. despise B. half C. douse
    D. bright E. confront

13. **internal**
    A. fall B. disapprove
    C. backward D. minor
    E. external

14. **achievement**
    A. capable B. provide C. failure
    D. lowly E. high

Find the antonyms from the word bank that match the numbered clues. Then, locate each word in the letter grid and draw a line connecting its letters.

1.
C	B	A	P	T
H	E	D	S	C
X	E	D	V	C
A	P	K	M	B
R	T	U	R	E

5.
L	S	U	Y	H
D	D	F	F	Y
F	A	B	I	C
Y	D	P	C	N
R	J	P	I	E

2.
P	Q	J	E	Y
K	E	Q	Q	E
C	D	E	T	A
E	T	C	E	R
M	A	R	O	I

6.
G	X	B	A	Z
A	D	V	Q	I
Z	E	Q	P	W
B	M	U	A	Q
I	U	T	T	E

3.
R	C	A	C	I
L	O	F	C	G
X	Y	M	E	J
X	Q	T	P	Y
C	C	T	C	R

7.
C	T	Z	X	W
D	E	N	Y	C
C	Y	Z	U	A
Y	S	Z	E	D
W	M	Q	Z	Q

4.
K	R	W	A	F
L	J	L	G	B
E	S	A	O	R
H	X	D	E	N
F	F	I	R	T

8.
P	F	S	N	W
E	U	N	M	A
F	U	M	N	M
N	L	T	L	E
N	C	I	P	K

1. arrival
2. improve
3. disapprove
4. specialise

5. lack
6. inadequate
7. admit
8. single

A. accept	B. broaden	C. deteriorate	D. departure
E. sufficiency	F. multiple	G. deny	H. adequate

Pick the antonym from the word bank for each clue and write it in the grid.

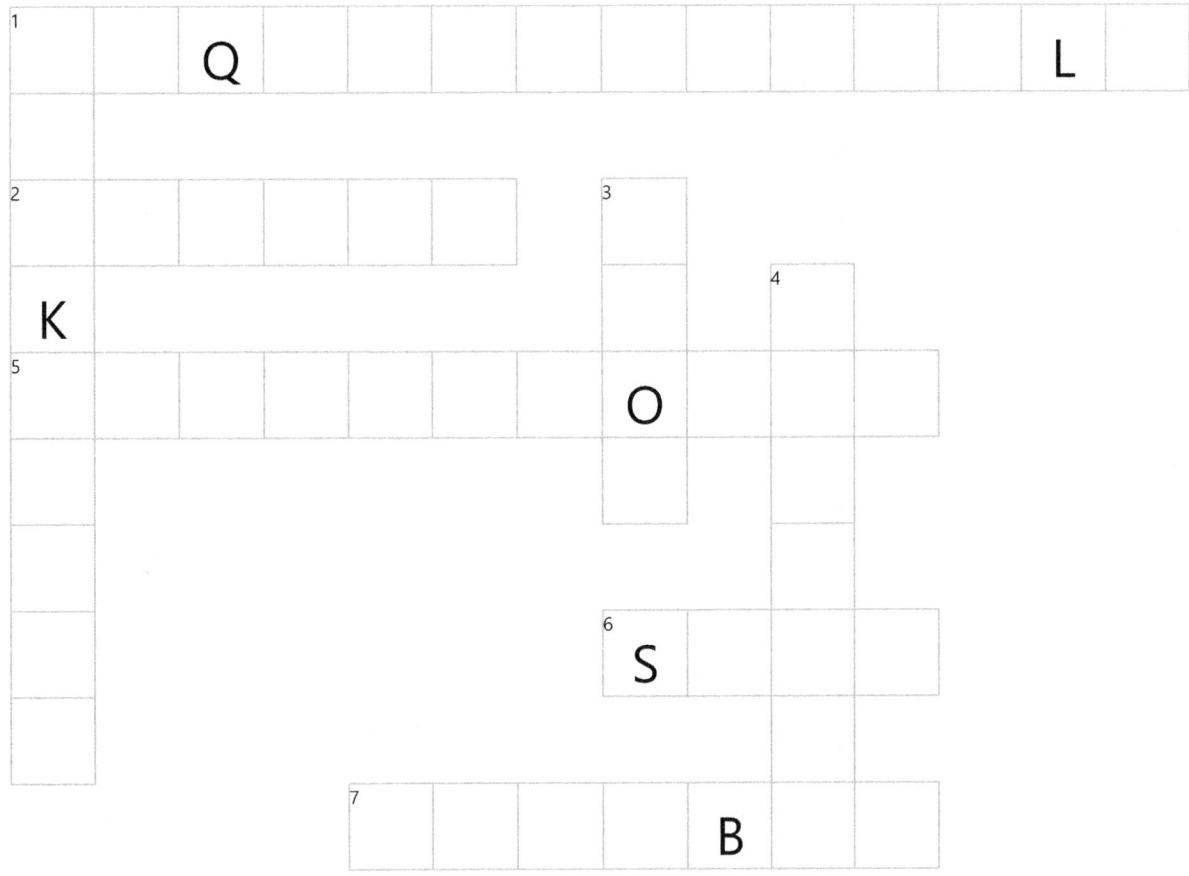

ACROSS
1. ambivalent
2. unstable
5. accidental
6. firm
7. silent

DOWN
1. gifted
3. ebb
4. safe

A. steady
B. unquestionable
C. unskilled
D. soft
E. intentional
F. audible
G. flow
H. harmful

Find the antonym from the word bank and write it on the line.

1. _____ frail

2. _____ abandon

3. _____ hazy

4. _____ deplete

5. _____ mournful

6. _____ disrespectful

7. _____ weak

8. _____ destroy

9. _____ resentful

10. _____ burdened

11. _____ deceitful

12. _____ blunt

A. sustain	B. forgiving	C. sharp	D. respectful
E. strong	F. gleeful	G. lighthearted	H. complete
I. robust	J. honest	K. clear	L. build

Find the antonym of the bold word. Circle the correct answer.

1. **consent**
   A. aged   B. active   C. day   D. refuse   E. strong

2. **pride**
   A. repulsive   B. humility   C. detach   D. reject   E. undervalue

3. **bless**
   A. beginning   B. curse   C. profane   D. strip   E. frivolous

4. **fear**
   A. courage   B. humility   C. chaotic   D. unreliable   E. cheap

5. **decorate**
   A. artificial   B. prohibition   C. strip   D. benefit   E. optimistic

6. **eager**
   A. composed   B. reluctant   C. lower   D. separate   E. sell

7. **crude**
   A. distracted   B. failure   C. superstructure   D. refined   E. servant

8. **scatter**
   A. capture   B. liberal   C. gather   D. replenish   E. verbose

9. **exhaustive**
   A. incomplete   B. vertical   C. war   D. loud   E. inadequate

10. **increase**
    A. diminish   B. easy   C. known   D. displeasure   E. decrease

11. **transparent**
    A. real   B. trustworthy   C. attainable   D. clean   E. opaque

12. **bulky**
    A. solidify   B. above   C. wake   D. illegal   E. compact

13. **horizontal**
    A. concerned   B. disadvantage   C. impious   D. modest   E. vertical

Find the antonym from the word bank that matches the clue. Then, starting with the circled letter, follow the connected letters through the maze to the last letter. The path can move in any direction.

B	Z	A	U	T	D	H	K	Z	Z	P	S	A	U	H	M	G	S	U	J	F
H	W	Z	I	H	C	W	M	D	P	F	U	F	V	O	Q	X	T	X	I	P
L	L	S	L	B	N	X	A	A	U	X	T	V	U	D	A	L	M	B	L	Y
V	K	J	Y	U	Y	T	V	I	Y	X	A	P	A	L	B	E	C	U	D	O
V	K	G	W	F	O	Y	M	D	U	I	B	D	N	J	B	L	Q	D	P	R
M	G	W	W	R	Q	A	J	N	G	P	E	N	F	S	W	Z	S	R	F	Z
S	U	O	G	M	N	M	S	Q	A	W	K	E	S	S	X	I	F	A	W	R
B	D	Y	F	J	W	J	Z	Y	T	G	K	Y	L	P	J	I	D	W	P	C
S	V	X	A	J	J	F	X	K	I	R	V	A	I	S	W	R	S	E	U	Z
W	E	Y	O	H	U	I	X	F	H	O	T	B	L	F	P	E	H	S	R	N
H	U	P	J	Y	R	R	U	T	H	Z	N	C	E	I	S	S	D	G	X	H
O	U	K	U	W	I	J	X	S	S	U	P	E	Z	D	D	P	R	R	D	O
X	G	P	X	M	G	U	O	M	J	J	N	R	E	I	N	E	W	X	T	Y
G	T	K	M	G	M	G	Z	W	N	I	A	T	F	T	R	P	S	G	N	I
I	W	P	O	I	Q	R	Q	H	E	Z	H	V	A	N	F	(E)	N	G	A	G

1. tedious
2. save
3. accumulate
4. downward
5. consume
6. flavour
7. rigid
8. debatable

A. disperse   **B. spend**   **C. certain**   **D. pliable**
E. blandness **F. upward** **G. engaging** **H. produce**

Find the antonym from the word bank that matches the clue. Then, locate the hidden words moving up, down, left, or right with one turn and possible crossovers.

1. gradual
2. right
3. pull
4. exhale
5. patient
6. helpless
7. miserable
8. forbidding
9. majority
10. empty

A. joyful   **B. full**   **C. inviting**   **D. inhale**
E. minority **F. wrong**   **G. impatient**   **H. capable**
I. sudden   **J. push**

Find the antonym (opposite word) of the bold word. Circle the correct answer.

1. **advantage**
   A. inclusive   B. illness
   C. disadvantage   D. minority
   E. lag

2. **flawless**
   A. comic   B. ignorance
   C. defective   D. turbulent
   E. possible

3. **serene**
   A. bad   B. regress   C. turbulent
   D. low   E. happy

4. **false**
   A. frail   B. true   C. everything
   D. resist   E. descend

5. **vibrant**
   A. contaminated   B. sudden
   C. animosity   D. lacklustre
   E. mindful

6. **expand**
   A. more   B. contract   C. senior
   D. enormous   E. rejection

7. **rigid**
   A. gather   B. solid   C. flexible
   D. plain   E. discontinuous

8. **extrovert**
   A. safe   B. introvert   C. work
   D. drenched   E. expand

9. **careful**
   A. compassionate
   B. indifference   C. careless
   D. foolish   E. solidify

10. **close**
    A. open   B. grow   C. loud
    D. unreasonable   E. intoxicated

11. **busy**
    A. deflate   B. idle   C. convict
    D. absent   E. oppose

12. **durable**
    A. literal   B. fragile   C. rich
    D. irresponsible   E. unbearable

13. **zeal**
    A. fiction   B. next   C. buy
    D. trustworthy   E. indifference

14. **import**
    A. export   B. beautiful
    C. uninhabitable   D. narrow
    E. distracted

Find the antonyms from the word bank that match the numbered clues. Then, locate each word in the letter grid and draw a line connecting its letters.

1. | Z | I | L | Q | M |
    |---|---|---|---|---|
    | R | H | D | J | Y |
    | Y | Z | P | C | E |
    | V | P | B | T | N |
    | H | D | D | R | E |

2. | D | Y | N | B | U |
    |---|---|---|---|---|
    | V | L | I | J | W |
    | R | P | F | R | L |
    | Y | W | Z | S | O |
    | T | S | J | E | M |

3. | G | U | Y | G | V |
    |---|---|---|---|---|
    | D | I | S | W | F |
    | W | S | R | E | G |
    | C | I | D | S | A |
    | J | H | E | D | R |

4. | T | Z | A | P | C |
    |---|---|---|---|---|
    | L | J | U | A | L |
    | X | K | A | N | T |
    | T | S | C | R | A |
    | D | I | N | O | G |

5. | K | M | U | U | E |
    |---|---|---|---|---|
    | K | Z | N | Y | A |
    | Q | F | F | J | T |
    | R | I | A | V | A |
    | I | O | M | Y | J |

6. | Q | G | D | I | K |
    |---|---|---|---|---|
    | Y | Y | G | S | O |
    | J | O | W | O | H |
    | C | D | E | B | N |
    | E | I | E | N | T |

7. | X | F | X | P | Z |
    |---|---|---|---|---|
    | M | A | A | F | V |
    | G | N | A | C | P |
    | O | U | G | E | D |
    | U | O | S | G | P |

8. | S | U | T | F | E |
    |---|---|---|---|---|
    | W | S | R | Q | K |
    | S | G | D | R | L |
    | D | E | E | N | I |
    | H | T | E | R | M |

1. margin
2. keep
3. considered
4. advocate

5. reasonable
6. docile
7. mismanage
8. aimless

A. lose	**B. unfair**	**C. determined**	**D. manage**
E. disregarded	**F. disobedient**	**G. antagonist**	**H. centre**

Pick the antonym from the word bank for each clue and write it in the grid.

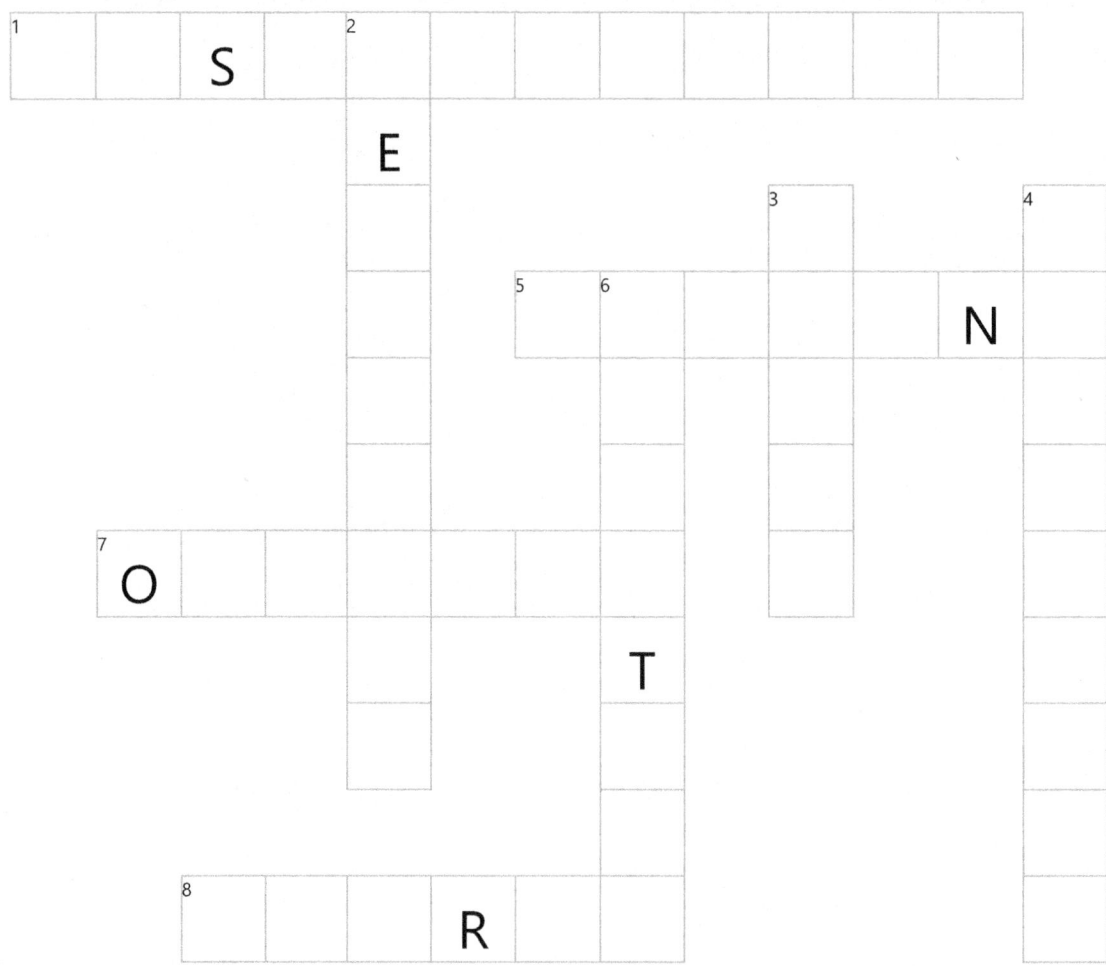

ACROSS
1. honest
5. poor
7. nuanced
8. plentiful

DOWN
2. outgoing
3. vague
4. capricious
6. dirty

A. scarce
B. pristine
C. obvious
D. opulent
E. clear
F. reclusive
G. unscrupulous
H. steadfast

Find the antonym from the word bank and write it on the line.

1. _____ weak

2. _____ impatient

3. _____ overcast

4. _____ dull

5. _____ obsolete

6. _____ matte

7. _____ loose

8. _____ passive

9. _____ restrain

10. _____ downcast

11. _____ rude

12. _____ abolish

A. empower	B. vibrant	C. establish	D. patient
E. innovate	F. chivalrous	G. jubilant	H. assertive
I. shiny	J. snug	K. sunny	L. strong

Find the antonym of the bold word. Circle the correct answer.

1. **clear**
   A. ancient   B. ambiguous   C. pure   D. bold   E. peace

2. **fall**
   A. enslave   B. fix   C. rise   D. coordinated   E. night

3. **solid**
   A. flamboyant   B. close   C. liquid   D. minor   E. approve

4. **detach**
   A. gain   B. best   C. import   D. combine   E. anchor

5. **guilty**
   A. credible   B. glad   C. liquid   D. superior   E. guiltless

6. **scarce**
   A. begin   B. dawn   C. applaud   D. abundant   E. dangerous

7. **harmful**
   A. pain   B. forceful   C. harmless   D. confirm   E. exceed

8. **comic**
   A. crucial   B. tragic   C. many   D. cautious   E. plausible

9. **trusting**
   A. learn   B. wary   C. broad   D. evaporate   E. depart

10. **enthusiasm**
    A. rise   B. dying   C. accent   D. encourage   E. apathy

11. **peripheral**
    A. erratic   B. left   C. central   D. lower   E. drastic

12. **failure**
    A. foolish   B. poverty   C. achievement   D. contrary   E. chronic

13. **unaccomplished**
    A. cursory   B. accomplished   C. float   D. vital   E. humble

Find the antonym from the word bank that matches the clue. Then, starting with the circled letter, follow the connected letters through the maze to the last letter. The path can move in any direction.

N	U	O	F	Q	J	M	N	M	M	V	S	K	U	N	D	Y	M	I	K	E
U	I	G	J	L	I	I	J	Z	G	Y	V	N	Z	B	J	Z	L	W	Z	K
F	L	H	C	U	I	A	V	I	X	O	V	S	S	L	I	V	E	A	D	D
M	F	X	W	X	U	M	T	Y	A	M	K	T	O	X	Y	H	R	Z	H	O
R	J	J	A	U	G	Q	A	D	H	V	V	G	S	F	J	F	X	N	O	B
J	W	C	K	Z	D	N	J	O	N	A	V	P	V	V	O	V	D	O	V	T
U	S	Q	P	N	W	R	O	(T)	I	B	U	M	T	M	H	M	G	P	V	C
C	R	P	U	U	Z	Q	W	K	N	Y	V	J	T	Z	S	I	P	D	M	V
M	H	W	V	M	T	O	C	C	O	A	I	H	G	I	L	T	B	F	Y	V
E	P	W	Z	H	T	R	A	N	A	B	B	R	E	E	R	J	U	U	J	U
L	B	G	W	C	B	G	X	O	I	B	N	D	V	I	A	T	E	S	K	N
Z	A	T	I	X	E	T	B	U	O	G	K	F	Q	F	S	U	R	E	P	I
O	T	U	B	U	S	B	B	Y	D	X	Z	N	M	Z	L	O	I	R	N	F
C	S	N	W	P	S	I	R	N	E	O	C	U	R	T	Y	F	F	O	P	Z
B	Y	H	D	D	O	T	M	O	D	N	E	C	R	U	H	I	E	V	P	L

1. significant
2. lengthen
3. trivially
4. fighting
5. disallow
6. conviction
7. entrance
8. firm

A. condone   **B. tiny**   **C. abbreviate**   **D. truce**
E. unstable   **F. exit**   **G. doubt**   **H. seriously**

Find the antonym from the word bank that matches the clue. Then, locate the hidden words moving up, down, left, or right with one turn and possible crossovers.

V	R	A	M	E	V	O	R	S	T	N	E	T	N	A	L	C	A	L	I
E	I	M	U	O	J	O	P	M	J	G	K	V	O	V	G	K	W	J	U
L	U	D	D	H	K	Y	M	W	V	M	W	S	C	V	D	P	P	A	X
L	C	U	C	I	Z	U	I	B	H	K	C	O	U	I	T	W	I	Q	M
O	P	W	E	Y	J	Q	Z	C	N	V	Q	G	Q	V	V	X	D	B	H
U	L	V	I	C	A	T	Z	W	H	E	V	O	A	E	D	W	N	M	D
S	A	D	T	D	L	S	L	J	W	H	G	R	Q	E	M	T	Y	E	K
R	E	N	P	V	J	U	B	E	R	G	U	P	D	Z	N	I	Y	X	Y
J	Y	O	D	T	N	V	R	E	A	D	Q	P	V	C	Y	A	V	C	J
U	K	W	O	B	U	O	B	E	L	O	H	A	L	T	J	Q	E	E	X
D	K	N	Y	Y	H	M	L	V	Z	O	X	S	H	G	P	E	F	L	C
S	F	E	Y	T	E	D	U	O	W	T	D	I	V	X	R	L	B	L	B
I	N	D	V	T	I	M	P	R	S	S	R	D	Z	C	N	T	N	E	X
J	K	Q	U	O	Y	W	G	F	S	R	N	K	W	Z	T	I	N	U	D
K	U	Z	X	W	Z	S	T	L	M	E	D	N	U	S	I	M	L	T	D
K	W	V	S	E	C	P	W	B	L	G	I	O	X	R	W	Z	K	D	E

1. sufficiency
2. unexceptional
3. grasped
4. impair
5. admire

6. impair
7. dishonest
8. ordinary
9. unsatisfied
10. infamous

A. excellent
D. marvellous
G. renowned
J. improve

B. lack
E. improve
H. disapprove

C. just
F. content
I. misunderstood

Find the antonym (opposite word) of the bold word. Circle the correct answer.

1. **artificial**
   A. borrow   B. genuine   C. feeble
   D. kindle   E. lucid

2. **internal**
   A. external   B. male
   C. immature   D. gracious
   E. dark

3. **bad**
   A. lavish   B. good   C. mobile
   D. drastic   E. enlarge

4. **idle**
   A. disappear   B. vibrant
   C. harmless   D. neglect   E. busy

5. **specific**
   A. general   B. eager   C. fatal
   D. display   E. sharp

6. **robust**
   A. critical   B. feeble   C. empty
   D. woeful   E. brave

7. **impure**
   A. chill   B. same   C. parched
   D. pure   E. accomplished

8. **destroy**
   A. indoor   B. accumulate
   C. distinct   D. build   E. dead

9. **delightful**
   A. liquid   B. plausible   C. woeful
   D. tranquil   E. weary

10. **loud**
    A. hamper   B. formidable
    C. burden   D. promote   E. quiet

11. **improve**
    A. abstract   B. guilty   C. genuine
    D. decline   E. hope

12. **create**
    A. destroy   B. belittle   C. sober
    D. constrict   E. worthy

13. **disperse**
    A. busy   B. miserly   C. correct
    D. lend   E. accumulate

14. **fragile**
    A. complex   B. admire   C. keep
    D. durable   E. honest

Find the antonyms from the word bank that match the numbered clues. Then, locate each word in the letter grid and draw a line connecting its letters.

1. | E | E | S | I | H |
    |---|---|---|---|---|
    | I | Z | I | G | N |
    | S | D | W | F | I |
    | F | L | C | I | N |
    | G | T | A | N | T |

5. | J | H | Q | H | I |
    |---|---|---|---|---|
    | E | G | Q | O | A |
    | P | F | P | U | M |
    | H | O | N | O | S |
    | M | R | E | M | T |

2. | K | W | Y | L | Q |
    |---|---|---|---|---|
    | W | A | M | Z | W |
    | P | L | I | S | B |
    | Y | U | L | M | A |
    | K | E | G | A | N |

6. | N | S | G | I | D |
    |---|---|---|---|---|
    | I | A | E | E | D |
    | C | E | N | D | D |
    | O | H | E | W | H |
    | M | P | R | W | W |

3. | J | O | S | F | W |
    |---|---|---|---|---|
    | G | G | S | M | Y |
    | A | Q | O | O | L |
    | O | E | S | M | G |
    | M | B | H | J | H |

7. | Y | P | B | N | A |
    |---|---|---|---|---|
    | F | J | D | A | R |
    | M | A | V | I | R |
    | L | L | I | V | Y |
    | K | Z | T | H | K |

4. | J | R | P | Z | Q |
    |---|---|---|---|---|
    | R | E | N | C | M |
    | V | I | N | Q | N |
    | O | Y | X | C | J |
    | Z | A | F | W | F |

8. | R | E | M | N | G |
    |---|---|---|---|---|
    | V | S | D | I | D |
    | L | G | L | D | E |
    | W | J | K | N | S |
    | X | F | L | E | C |

1. minor
2. manage
3. secured
4. outer
5. back
6. misunderstood
7. exit
8. rising

A. comprehended	**B. inner**	**C. mismanage**
D. arrival	**E. foremost**	**F. loose**
G. significant	**H. descending**	

Pick the antonym from the word bank for each clue and write it in the grid.

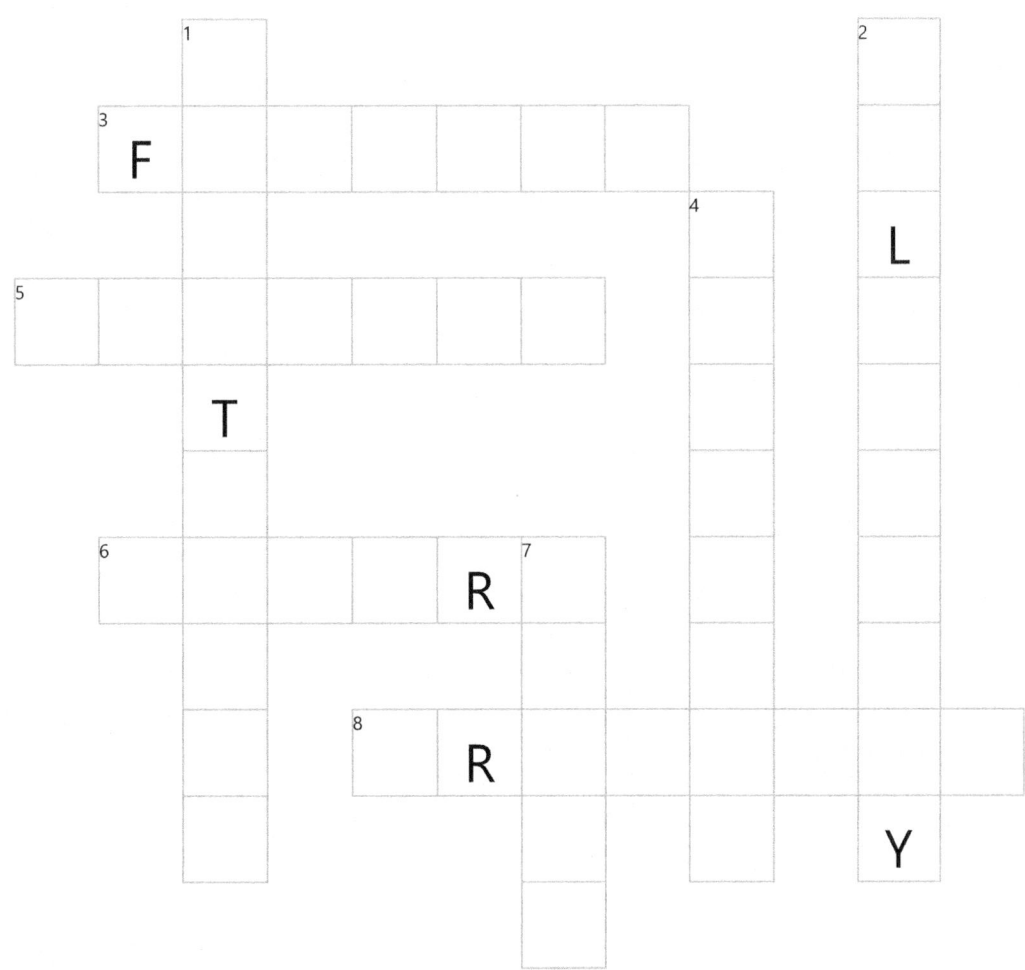

ACROSS
3. sturdy
5. serious
6. ancient
8. hostile

DOWN
1. reasonable
2. delighted
4. steadfast
7. shrewd

| A. quitting | B. naive | C. fragile | D. modern |
| E. irrational | F. melancholy | G. playful | H. friendly |

Find the antonym from the word bank and write it on the line.

1. _____ same

2. _____ difficulty

3. _____ confine

4. _____ lenient

5. _____ disobey

6. _____ energetic

7. _____ bland

8. _____ break

9. _____ engaging

10. _____ bloom

11. _____ unqualified

12. _____ cry

A. ease	B. severe	C. obey	D. wither
E. savoury	F. qualified	G. laugh	H. liberate
I. fix	J. lethargic	K. opposite	L. tedious

Find the antonym of the bold word. Circle the correct answer.

1. **negligent**
   A. eager   B. diligent   C. delicate   D. deep   E. lethargic

2. **efficient**
   A. quick   B. peaceful   C. blunt   D. inefficient   E. graceful

3. **wavering**
   A. early   B. steady   C. hard   D. grateful   E. genuine

4. **spoiled**
   A. open   B. young   C. clumsy   D. fresh   E. high

5. **deep**
   A. apathetic   B. dim   C. shallow   D. modern   E. respectful

6. **valiant**
   A. closed   B. humble   C. slow   D. timid   E. anxious

7. **shadowy**
   A. helpful   B. lucky   C. bright   D. harsh   E. safe

8. **edgy**
   A. loyal   B. calm   C. timid   D. shallow   E. steady

9. **tiny**
   A. full   B. dangerous   C. pessimistic   D. clean   E. large

10. **disciplined**
    A. chaotic   B. soft   C. dishonest   D. empty   E. fresh

11. **unhappy**
    A. curious   B. average   C. optimistic   D. happy   E. naive

12. **conventional**
    A. stale   B. innovative   C. loud   D. dirty   E. honest

13. **abrasive**
    A. arrogant   B. happy   C. sharp   D. gentle   E. beautiful

Find the antonym from the word bank that matches the clue. Then, starting with the circled letter, follow the connected letters through the maze to the last letter. The path can move in any direction.

X	V	X	C	X	U	M	Q	S	L	R	I	P	P	F	Z	V	Z	M	R	D
Y	G	C	R	W	U	G	J	G	G	B	I	K	F	Z	G	I	Q	J	B	T
B	H	G	R	K	N	D	O	A	R	L	D	P	Z	P	U	K	A	Z	F	G
M	F	P	Z	F	K	F	S	N	I	D	Q	J	X	Y	V	Z	L	G	D	V
F	P	P	E	U	F	K	L	X	P	J	V	M	O	C	R	R	F	D	Y	V
N	I	I	N	F	C	Q	Y	L	P	T	C	K	G	Q	Z	V	K	E	U	H
Q	S	T	U	X	I	W	E	H	G	D	F	A	S	G	H	R	P	D	U	M
M	A	Q	T	B	I	M	R	W	V	Z	D	N	X	E	D	P	P	T	I	U
U	T	D	I	P	X	K	O	J	S	E	V	A	A	X	A	L	G	U	D	R
C	A	V	A	A	N	O	I	T	N	E	T	N	I	C	O	P	E	J	N	L
K	E	B	N	L	U	N	J	U	S	T	V	L	E	I	H	E	T	Q	R	X
G	J	A	T	J	R	B	W	R	T	D	Y	B	A	T	I	D	O	S	A	Y
D	T	T	X	N	S	N	T	K	G	R	M	N	A	N	T	R	A	L	(G)	Y
L	V	X	S	S	A	G	O	R	A	B	E	D	N	O	C	E	U	A	A	E
D	G	G	O	T	K	G	Y	T	C	S	E	F	S	P	P	N	R	T	Q	A

1. smile
2. acquit
3. poison
4. despair
5. unhappy
6. placid
7. accidental
8. just

A. glad **B. condemn** **C. antidote** **D. glare**
E. unjust **F. intentional** **G. excitable** **H. hope**

Find the antonym from the word bank that matches the clue. Then, locate the hidden words moving up, down, left, or right with one turn and possible crossovers.

1. abbreviate
2. loquacious
3. biased
4. permit
5. normal
6. common
7. introductory
8. mislay
9. forbid
10. loose

A. find   **B.** ban   **C.** silent   **D.** lengthen
E. final   **F.** secured   **G.** abnormal   **H.** allow
I. unusual   **J.** just

Find the antonym (opposite word) of the bold word. Circle the correct answer.

1. **grateful**
   A. fine   B. produce   C. innocent
   D. occupied   E. ungrateful

2. **like**
   A. abandon   B. indiscreet
   C. dislike   D. minimum   E. levity

3. **patient**
   A. open   B. impatient
   C. sorrowful   D. different   E. still

4. **brutal**
   A. joyous   B. gentle   C. illness
   D. external   E. urban

5. **zealous**
   A. lukewarm   B. dishonour
   C. go   D. insecure
   E. unbearable

6. **impossible**
   A. impersonal   B. possible
   C. grow   D. friendly   E. bright

7. **hamper**
   A. conventional   B. ugly   C. end
   D. terrible   E. facilitate

8. **male**
   A. same   B. narrow   C. female
   D. stable   E. sluggish

9. **vivid**
   A. bad   B. safe   C. faint
   D. discomfort   E. introduction

10. **worthy**
    A. content   B. saturated
    C. worthless   D. gentle   E. trickle

11. **improve**
    A. obscure   B. unnecessary
    C. insincere   D. worsen
    E. facilitate

12. **retain**
    A. inarticulate   B. lenient
    C. abandon   D. neglect
    E. tactless

13. **great**
    A. terrible   B. hostile
    C. incoherent   D. everywhere
    E. exaggerate

14. **severe**
    A. disturbed   B. wake   C. lenient
    D. confine   E. violent

Find the antonyms from the word bank that match the numbered clues. Then, locate each word in the letter grid and draw a line connecting its letters.

1.
W	G	L	L	H
J	T	T	A	O
V	K	N	I	R
Q	R	O	Z	H
F	U	V	Q	W

2.
J	Y	P	N	Y
U	S	J	N	T
E	K	N	P	D
T	R	I	R	E
A	R	O	E	T

3.
E	H	D	B	Q
W	B	R	S	N
W	B	J	L	A
S	G	H	O	M
H	U	J	S	E

4.
U	N	A	H	C
N	I	A	L	O
W	T	N	E	N
F	T	J	U	S
I	Y	F	Q	E

5.
Z	B	A	Z	J
Z	U	C	C	E
K	K	L	W	S
J	M	H	A	S
S	E	L	B	I

6.
G	A	A	C	B
O	H	L	D	D
J	I	F	U	O
Z	K	S	T	H
S	E	I	D	E

7.
J	P	C	T	T
K	F	K	C	C
C	D	H	V	F
L	J	N	G	V
O	S	I	B	P

8.
P	T	W	L	Z
E	M	P	X	E
R	V	T	I	E
Z	M	Y	O	D
I	C	B	X	Q

1. vertical
2. improve
3. keep
4. minor

5. inaccessible
6. interior
7. first
8. entrance

A. exit	B. outside	C. accessible
D. lose	E. closing	F. consequential
G. horizontal	H. deteriorate	

Pick the antonym from the word bank for each clue and write it in the grid.

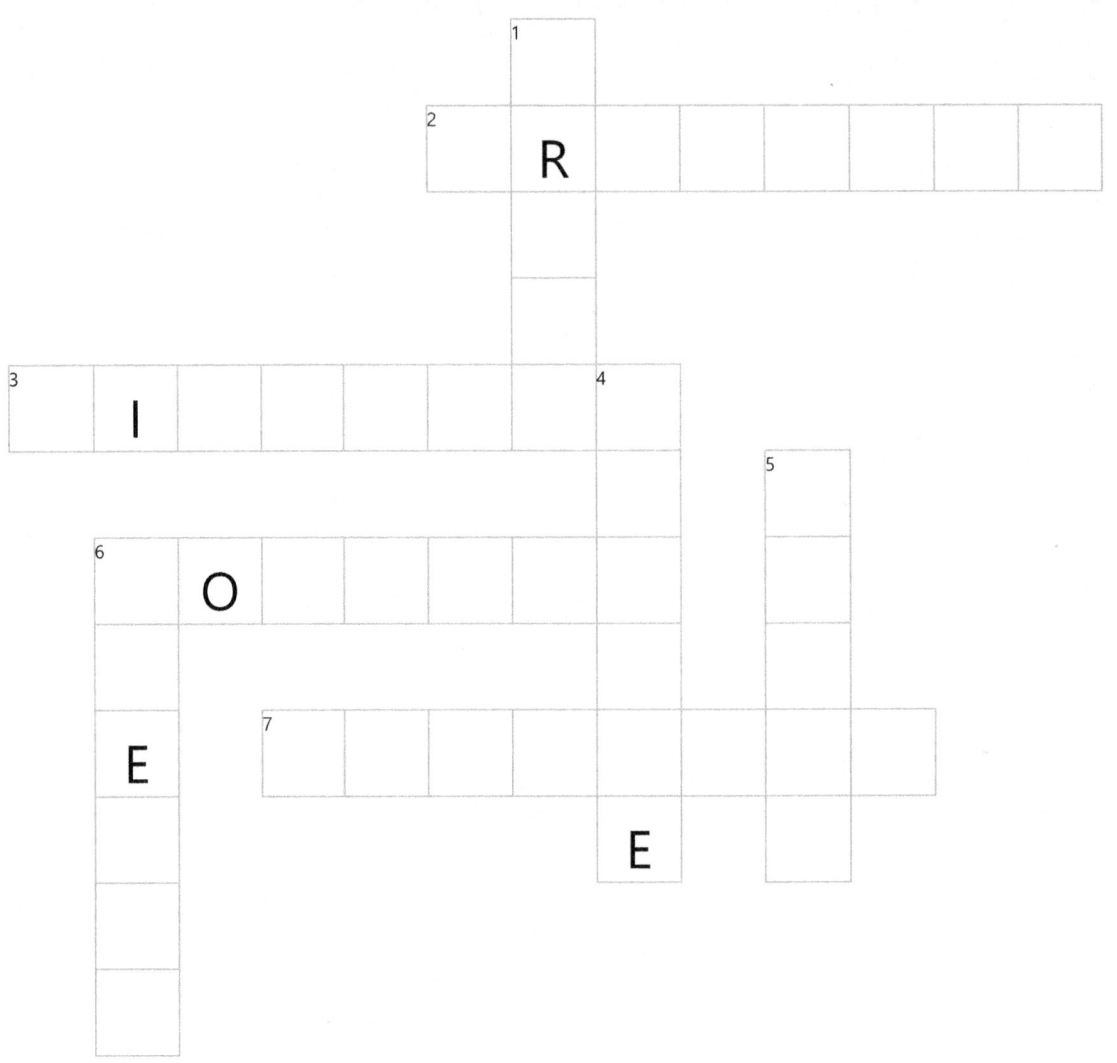

ACROSS
2. awkward
3. contribute
6. deviate
7. boring

DOWN
1. robust
4. promote
5. elderly
6. destroy

A. young	B. withhold	C. create	D. conform
E. frail	F. exciting	G. demote	H. graceful

Find the antonym from the word bank and write it on the line.

1. _____ suspicious

2. _____ discourage

3. _____ suppress

4. _____ disrespectful

5. _____ filthy

6. _____ dishonorable

7. _____ distressed

8. _____ frail

9. _____ obscure

10. _____ disable

11. _____ dense

12. _____ hazy

A. respectable	B. enable	C. encourage	D. illuminated
E. robust	F. respectful	G. promote	H. clear
I. trusting	J. blissful	K. pristine	L. sheer

Find the antonym of the bold word. Circle the correct answer.

1. **expendable**
   A. intermittent   B. disappoint   C. essential   D. despondent   E. first

2. **difficult**
   A. depart   B. allow   C. legal   D. more   E. easy

3. **conceal**
   A. shallow   B. cheap   C. displeasure   D. reveal   E. implausible

4. **hale**
   A. sickly   B. minimum   C. under   D. mourn   E. elevate

5. **reasonable**
   A. invigorated   B. enormous   C. dismal   D. unimportant   E. unreasonable

6. **devious**
   A. west   B. pessimistic   C. straightforward   D. sweet   E. polite

7. **disgust**
   A. delight   B. wrong   C. pull   D. deny   E. smooth

8. **peaceful**
   A. violent   B. happy   C. unable   D. dirty   E. division

9. **feeble**
   A. push   B. powerful   C. resist   D. discourage   E. singular

10. **treacherous**
    A. disappear   B. forward   C. compassionate   D. trustworthy   E. contract

11. **plausible**
    A. implausible   B. dangerous   C. descent   D. frivolous   E. improbable

12. **immature**
    A. mature   B. reveal   C. wealth   D. rich   E. abnormal

13. **unite**
    A. ignite   B. occasional   C. fictional   D. harm   E. divide

Find the antonym from the word bank that matches the clue. Then, starting with the circled letter, follow the connected letters through the maze to the last letter. The path can move in any direction.

Y	L	A	S	M	J	W	H	F	Y	K	S	O	M	E	E	N	R	C	O	V
A	P	J	A	X	R	K	V	X	H	Q	S	A	G	G	L	L	I	U	E	W
D	J	N	V	L	Y	S	V	M	Y	R	C	Z	Y	W	Q	S	P	S	M	M
I	Q	U	A	N	G	Y	T	C	J	H	K	Y	W	F	W	E	M	T	S	A
L	J	Y	P	A	I	K	U	S	T	C	S	K	V	T	T	V	X	S	T	B
N	I	S	H	G	A	J	O	J	S	B	B	Q	T	O	C	Y	T	M	W	H
I	M	I	(D)	V	I	K	N	X	O	Y	J	Q	F	R	N	B	M	D	I	O
B	Y	Y	B	U	N	O	X	Z	H	T	B	E	Q	D	Y	Y	Z	L	X	L
K	U	F	D	A	F	Y	E	A	N	A	E	Q	F	O	X	U	N	V	N	G
M	N	Q	U	X	A	R	S	F	A	B	T	P	B	A	F	A	R	X	E	G
S	U	B	W	K	X	M	U	G	O	K	Z	B	G	D	E	T	E	D	K	E
Y	R	Z	X	D	L	E	P	F	U	Y	D	H	Y	Y	M	A	L	I	S	N
D	L	H	K	Q	B	R	I	O	R	T	T	R	W	P	R	B	I	N	C	O
J	F	N	G	Y	U	P	E	X	E	C	N	Y	G	C	O	N	B	A	T	N
H	P	H	Y	G	Q	O	I	L	A	S	Y	I	N	D	I	F	F	E	R	E

1. amplify
2. loss
3. near
4. inferior

5. difficult
6. curious
7. normal
8. considerate

A. inconsiderate **B. superior** **C. indifferent**
D. easy **E. abnormal** **F. gain**
G. diminish **H. far**

Find the antonym from the word bank that matches the clue. Then, locate the hidden words moving up, down, left, or right with one turn and possible crossovers.

M	S	F	J	C	H	D	K	T	P	H	D	I	O	Y	P	F	X	I	Z
Y	L	Y	R	N	O	O	L	T	D	M	Q	E	T	I	U	F	A	R	Z
K	D	E	X	T	E	Q	D	C	D	I	N	G	O	P	S	Q	T	P	S
M	J	X	U	C	R	A	U	N	L	W	N	S	R	Q	P	D	R	E	Z
P	G	D	K	F	O	G	I	P	E	I	I	E	N	T	V	D	Y	R	V
X	A	B	L	E	U	R	B	R	I	D	T	G	J	R	H	A	R	T	E
D	S	G	S	A	S	N	Z	X	Y	P	D	L	A	T	N	E	N	I	K
Q	N	I	H	D	C	O	F	U	S	Y	K	U	U	Y	S	U	A	P	Y
Z	E	X	P	E	D	I	V	I	D	Y	Y	D	D	D	S	B	D	B	W
H	P	V	W	G	I	R	M	B	T	J	A	N	A	E	E	W	P	B	H
F	S	L	L	S	L	P	Z	Z	S	U	O	I	C	A	F	D	M	M	P
G	I	Y	M	J	M	W	C	D	T	Q	A	I	Y	W	O	I	Z	S	L
B	D	I	C	K	V	S	P	T	S	D	W	G	X	H	I	S	M	A	P
D	N	D	C	S	U	K	S	N	A	F	D	A	E	T	S	P	Z	E	P
L	I	N	E	G	L	I	G	E	D	U	P	A	A	G	O	E	E	D	J
E	L	G	W	F	P	Q	E	W	I	N	E	L	B	A	S	N	H	I	S

1. fearful
2. strict
3. necessary
4. persistent
5. unrelated
6. capricious
7. agreed
8. careful
9. optional
10. awkward

A. indispensable **B. steadfast** **C. audacious**
D. pertinent **E. dispensable** **F. yielding**
G. dexterous **H. divided** **I. indulgent**
J. negligent

Find the antonym (opposite word) of the bold word. Circle the correct answer.

1. **earnest**
   A. everywhere   B. insincere
   C. perfect   D. incomplete
   E. south

2. **hallowed**
   A. basic   B. profane   C. separate
   D. start   E. light

3. **erase**
   A. attainable   B. disorganized
   C. guilty   D. write   E. native

4. **vibrant**
   A. dry   B. receive   C. follow
   D. drab   E. fortunate

5. **definite**
   A. shameful   B. indefinite
   C. succeed   D. prohibition
   E. true

6. **lower**
   A. discourteous   B. imprudent
   C. irresolute   D. formal   E. raise

7. **boundless**
   A. night   B. limited   C. deaden
   D. drab   E. restore

8. **discourage**
   A. mourn   B. thorough
   C. encourage   D. descent
   E. composed

9. **curve**
   A. singular   B. cheap
   C. straighten   D. opaque
   E. push

10. **authentic**
    A. bright   B. brave   C. fake
    D. easy   E. success

11. **expensive**
    A. fake   B. stationary   C. safety
    D. rebel   E. cheap

12. **brief**
    A. dark   B. extended   C. fertile
    D. harmless   E. scarcity

13. **exhaustive**
    A. alert   B. resist   C. tiny
    D. sharp   E. incomplete

14. **glorious**
    A. regress   B. inviting
    C. colourless   D. shameful
    E. full

Find the antonyms from the word bank that match the numbered clues. Then, locate each word in the letter grid and draw a line connecting its letters.

1. | A | T | H | X | F |
    |---|---|---|---|---|
    | I | B | E | F | T |
    | D | H | L | R | N |
    | E | F | P | F | H |
    | X | U | L | Q | P |

5. | C | Q | U | K | J |
    |---|---|---|---|---|
    | A | B | A | V | U |
    | O | D | N | C | B |
    | N | V | B | S | M |
    | S | V | V | Z | L |

2. | X | G | W | D | K |
    |---|---|---|---|---|
    | H | Q | A | K | V |
    | Q | D | N | I | H |
    | B | P | E | O | H |
    | Q | T | F | N | V |

6. | K | I | V | X | V |
    |---|---|---|---|---|
    | N | B | K | M | K |
    | U | I | V | A | R |
    | G | A | S | C | A |
    | O | O | E | D | G |

3. | S | Y | E | P | V |
    |---|---|---|---|---|
    | U | V | M | V | S |
    | N | M | O | D | M |
    | V | W | R | E | T |
    | X | J | N | D | M |

7. | Q | N | C | I | A |
    |---|---|---|---|---|
    | M | L | E | V | G |
    | Q | U | X | Z | I |
    | U | K | T | A | T |
    | J | E | E | D | V |

4. | U | F | M | T | J |
    |---|---|---|---|---|
    | V | M | L | S | U |
    | R | L | L | D | A |
    | Q | S | U | B | D |
    | D | Q | S | M | D |

8. | D | Z | L | Q | P |
    |---|---|---|---|---|
    | C | T | B | S | U |
    | W | A | W | A | N |
    | H | R | L | Y | N |
    | J | F | M | B | E |

1. useless
2. able
3. quaint
4. unjust

5. keep
6. just
7. serene
8. dull

A. abandon	**B. agitated**	**C. modern**	**D. sunny**
E. just	**F. biased**	**G. inept**	**H. helpful**

Pick the antonym from the word bank for each clue and write it in the grid.

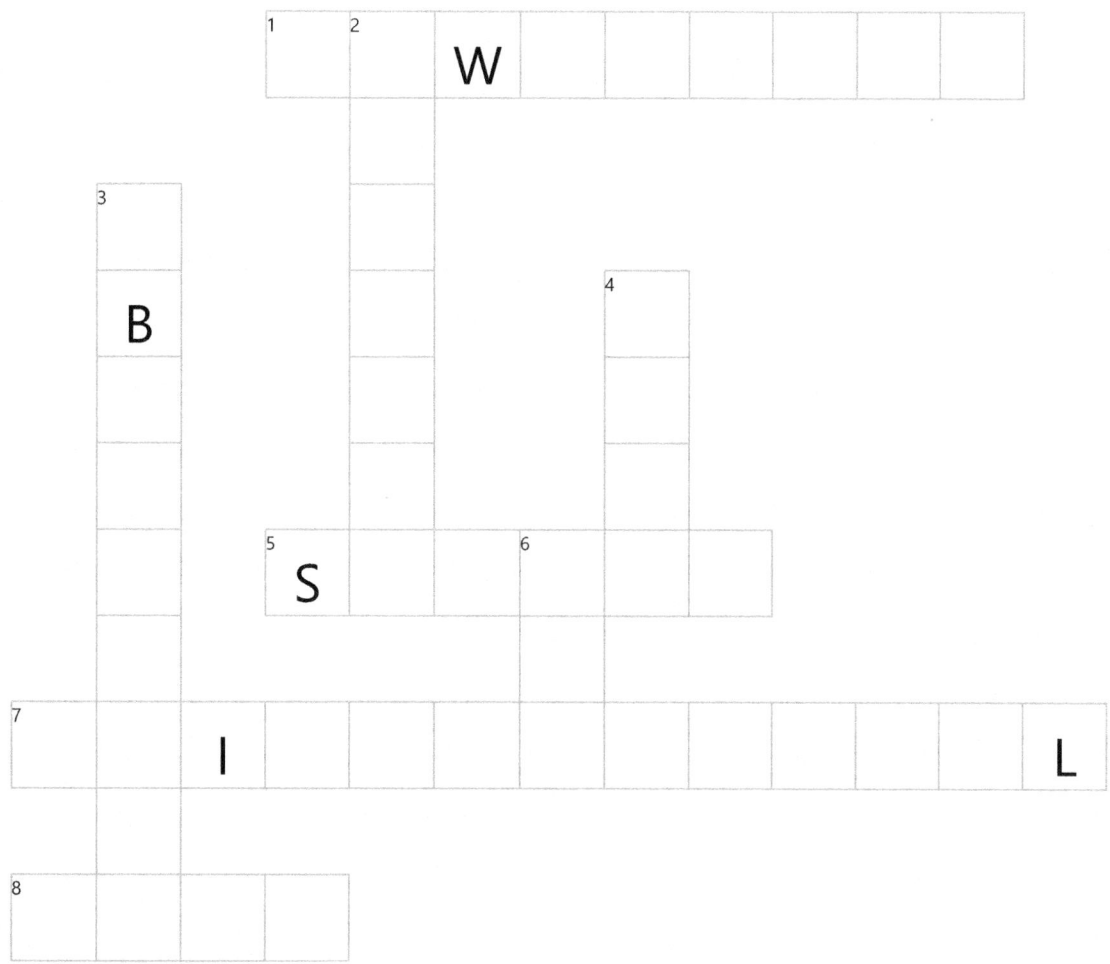

ACROSS
1. agreeable
5. unstable
7. deliberate
8. allow

DOWN
2. consideration
3. lack
4. excitable
6. permission

A. unwilling **B. stable** **C. abundance**
D. ban **E. deny** **F. cool**
G. unintentional **H. neglect**

Find the antonym from the word bank and write it on the line.

1. _____ meek

2. _____ just

3. _____ thoughtless

4. _____ dim

5. _____ risky

6. _____ pristine

7. _____ tranquil

8. _____ tiny

9. _____ sealed

10. _____ fortunate

11. _____ wealthy

12. _____ messy

A. arrogant	B. large	C. open	D. biased
E. unlucky	F. poor	G. stale	H. noisy
I. thoughtful	J. bright	K. safe	L. clean

Find the antonym of the bold word. Circle the correct answer.

1. **dreadful**
   A. misunderstand   B. dismantle   C. hindrance   D. pleasant   E. guilty

2. **extravagant**
   A. adversary   B. frugal   C. victory   D. undignified   E. worthless

3. **wisdom**
   A. outdated   B. incomplete   C. artificial   D. foolishness   E. flourish

4. **fancy**
   A. tasteful   B. temporary   C. plain   D. arrive   E. impatient

5. **integrate**
   A. natural   B. superior   C. uninterested   D. indifference   E. segregate

6. **lose**
   A. find   B. inconsistent   C. infinite   D. faded   E. punish

7. **hideous**
   A. subtract   B. sceptical   C. beautiful   D. drab   E. intoxicated

8. **fear**
   A. strict   B. foolishness   C. short   D. quiet   E. courage

9. **assurance**
   A. defensive   B. doubt   C. include   D. roundabout   E. colourless

10. **current**
    A. miserable   B. outdated   C. illegal   D. laborious   E. humble

11. **desirable**
    A. undesirable   B. odd   C. unlucky   D. up   E. scarcity

12. **narrow**
    A. everywhere   B. extrovert   C. fake   D. wide   E. private

13. **arrogant**
    A. decelerate   B. worst   C. modern   D. confident   E. humble

Find the antonym from the word bank that matches the clue. Then, starting with the circled letter, follow the connected letters through the maze to the last letter. The path can move in any direction.

U	D	R	P	V	P	Z	Z	F	U	M	N	Z	U	F	B	E	F	U	O	O
J	A	H	C	V	V	N	J	V	J	I	G	A	O	Q	S	G	S	M	A	F
F	B	E	B	S	K	O	T	J	D	X	S	V	L	C	J	M	Z	T	L	P
K	K	E	G	Y	G	P	J	X	M	I	N	J	E	Z	C	A	D	K	Z	P
L	G	L	N	E	C	O	D	I	S	I	T	S	S	O	P	U	R	A	V	T
E	Z	K	L	Q	O	F	M	A	M	H	D	H	L	W	I	M	A	Y	D	S
S	U	D	A	A	E	U	P	L	I	C	K	C	O	N	Y	T	J	I	C	F
J	G	Z	F	A	Q	W	I	T	H	R	V	K	B	D	E	M	H	V	J	C
O	W	N	H	C	Z	B	Y	J	H	V	Z	G	S	D	A	N	X	V	E	G
N	C	N	V	Y	N	V	K	C	H	O	I	T	I	D	Q	Y	W	Y	F	W
E	L	E	C	R	M	U	U	D	J	N	F	A	V	S	U	X	B	Z	Y	O
W	Y	B	I	A	H	O	T	Y	Z	E	X	C	I	T	A	L	R	X	U	I
K	L	X	T	C	S	D	E	K	N	A	K	C	D	B	L	X	M	Z	F
S	X	J	D	J	B	C	N	W	O	N	E	D	U	L	C	E	U	P	Y	H
L	O	V	I	M	M	L	S	K	H	E	R	X	E	R	X	E	L	N	O	M

1. cheerful
2. slender
3. commend
4. deduction

5. cool
6. admit
7. unremarkable
8. frequently

    A. exclude   **B. excitable**   **C. dismal**   **D. addition**
    E. scarcely   **F. thick**   **G. condemn**   **H. renowned**

Find the antonym from the word bank that matches the clue. Then, locate the hidden words moving up, down, left, or right with one turn and possible crossovers.

U	D	L	V	N	X	N	E	L	H	C	Y	H	K	C	O	H	O	T	A
Y	S	O	Q	S	H	G	X	W	K	J	I	R	Z	K	U	R	E	S	B
K	B	V	Z	G	B	T	A	C	X	H	Y	N	D	K	Z	D	U	W	D
C	W	O	Y	T	T	H	D	O	Y	L	V	A	Y	X	P	K	K	O	M
R	E	S	I	S	E	Y	J	Z	D	S	H	G	O	S	F	A	O	L	V
F	G	F	O	R	G	Z	G	Z	V	B	Q	U	F	W	C	S	L	H	Q
B	L	F	H	X	O	Z	I	Q	B	A	A	E	A	T	I	V	E	C	P
O	L	E	S	Y	K	Q	N	N	K	R	T	T	T	E	Y	Q	P	P	I
Y	H	M	W	F	L	G	T	Z	Y	Q	A	T	N	Q	X	W	P	E	Z
F	X	G	N	I	T	C	A	G	O	I	S	A	E	S	O	L	C	O	R
I	G	A	I	D	P	D	P	W	P	L	A	I	T	R	Q	T	Q	U	T
U	W	E	Z	I	Z	K	S	I	V	S	S	D	E	A	K	O	L	M	N
M	B	S	O	L	I	Q	V	G	P	V	Q	A	Q	P	W	M	Y	O	Y
G	V	K	L	D	D	Z	Z	K	I	P	L	Z	E	H	E	D	F	E	N
T	K	D	B	X	K	D	U	R	S	Y	F	U	P	F	E	S	B	A	E
K	I	B	I	G	M	Q	E	W	L	T	M	S	G	U	U	D	E	A	D

1. learn
2. adjust
3. frayed
4. dissolve
5. brief
6. entire
7. animate
8. buy
9. detailed
10. definitive

A. resist **B. deaden** **C. intact** **D. sell**
E. lengthy **F. partial** **G. forget** **H. vague**
I. solidify **J. tentative**

Find the antonym (opposite word) of the bold word. Circle the correct answer.

1. **curve**
   A. ineligible   B. apathy
   C. natural   D. mandatory
   E. straighten

2. **defeat**
   A. victory   B. clumsy   C. infinite
   D. cheery   E. formal

3. **distract**
   A. focus   B. insincere   C. reliable
   D. ignore   E. demolish

4. **lazy**
   A. easy   B. extravagant
   C. superstructure   D. industrious
   E. disqualify

5. **frivolous**
   A. serious   B. joyous   C. prudent
   D. local   E. cowardly

6. **artificial**
   A. receive   B. permanent
   C. disorganized   D. disappear
   E. natural

7. **fatal**
   A. harmless   B. disconnect   C. all
   D. distant   E. ascend

8. **cease**
   A. gain   B. destroy   C. certainty
   D. unbearable   E. continue

9. **flawless**
   A. separate   B. undignified
   C. professional   D. imperfect
   E. war

10. **admit**
    A. victory   B. foul   C. deny
    D. asleep   E. fail

11. **loss**
    A. inferior   B. confident   C. gain
    D. group   E. brave

12. **hardy**
    A. delicate   B. steady
    C. ascending   D. thorough
    E. shrink

13. **external**
    A. implicit   B. work   C. artificial
    D. refined   E. internal

14. **adjacent**
    A. straighten   B. retreat
    C. plentiful   D. rude   E. distant

Find the synonym (similar word) of the bold word. Circle the correct answer.

1. **despicable**
   A. ultimate   B. disgusting
   C. questionable   D. feign
   E. appreciate

2. **improve**
   A. former   B. discourteous
   C. attach   D. better   E. desirable

3. **proclaim**
   A. subject   B. quick   C. idealistic
   D. confer   E. announce

4. **unintentional**
   A. awesome   B. ambition
   C. gigantic   D. unintended
   E. attachment

5. **meeting**
   A. countenance   B. admission
   C. illuminate   D. worsen
   E. engagement

6. **sanction**
   A. array   B. accomplish
   C. bewilder   D. embargo
   E. acknowledge

7. **squabble**
   A. lucrative   B. dispute   C. lavish
   D. crowd   E. back

8. **permit**
   A. unfortunate   B. blaze
   C. tempt   D. countenance
   E. climate

9. **just**
   A. unintended   B. desert
   C. glare   D. principled
   E. curious

10. **crowd**
    A. pungent   B. discipline
    C. audience   D. amid   E. recoil

11. **manage**
    A. desperation   B. veto
    C. deplore   D. intriguing
    E. govern

12. **uncertain**
    A. organise   B. impolite
    C. hesitant   D. debris   E. fire

13. **interests**
    A. hobbies   B. hesitant   C. affray
    D. arid   E. knack

14. **block**
    A. grand   B. halt   C. brilliant
    D. uncomplicated   E. accept

Find the synonyms from the word bank that match the numbered clues. Then, locate each word in the letter grid and draw a line connecting its letters.

1.
Q	X	U	B	R
C	O	S	V	S
P	M	B	W	J
L	E	X	Y	O
E	C	W	E	Z

2.
R	T	J	F	J
E	H	S	L	O
Y	U	F	H	T
M	L	D	B	P
X	J	G	Q	C

3.
C	I	E	Y	T
R	S	M	C	M
I	W	K	I	N
F	B	C	P	D
J	J	Y	V	U

4.
T	E	A	U	W
C	L	E	A	Q
D	D	X	N	S
X	Z	F	B	A
A	F	Z	K	I

5.
C	Q	R	Z	E
K	L	I	S	O
V	D	D	A	M
J	W	B	S	Z
M	G	V	C	O

6.
E	R	M	V	E
W	G	O	Y	R
G	U	E	Q	H
L	M	S	Q	U
Y	B	W	W	T

7.
C	Z	V	H	R
P	E	X	E	C
G	S	M	C	F
D	S	N	I	T
E	I	M	I	S

8.
C	M	W	E	M
P	Q	J	A	K
H	K	P	T	J
A	S	L	D	U
L	M	Z	X	W

1. elaborate
2. apathetic
3. compassionate
4. immaculate

5. mournful
6. hideous
7. gloomy
8. fragile

A. complex	B. slothful	C. pessimistic	D. weak
E. clean	F. ugly	G. kind	H. sad

Pick the synonym from the word bank for each clue and write it in the grid.

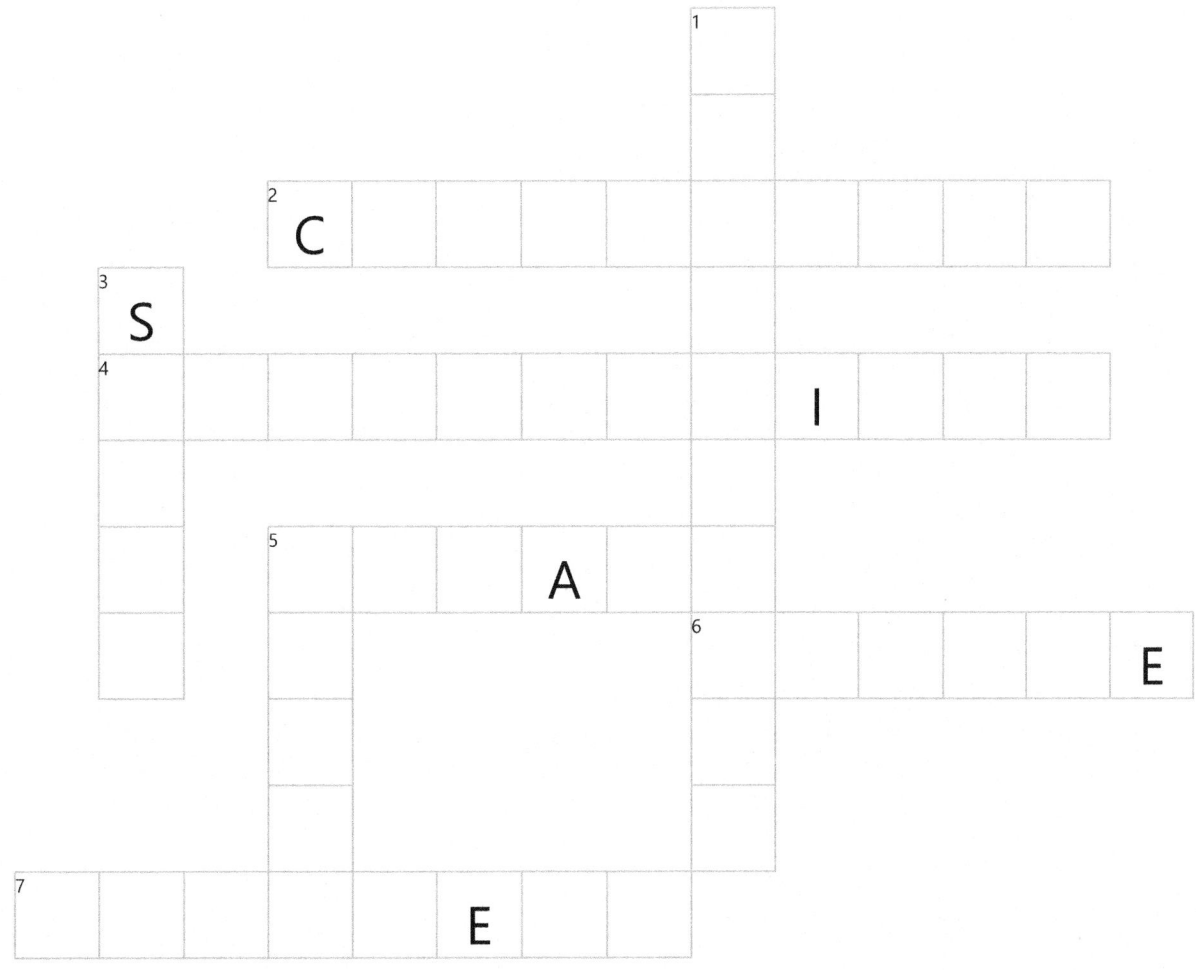

ACROSS
2. talent
4. abstract
5. accomplish
6. cleft
7. find

DOWN
1. inadvertent
3. knock
5. detest

A. shove
B. dimple
C. retrieve
D. hypothetical
E. abhor
F. capability
G. attain
H. unintended

Find the synonym from the word bank and write it on the line.

1. _____ risky

2. _____ wealthy

3. _____ compassionate

4. _____ filthy

5. _____ joyful

6. _____ pensive

7. _____ unproductive

8. _____ restricted

9. _____ disordered

10. _____ feeble

11. _____ heedless

12. _____ awkward

A. kind	B. weak	C. dangerous	D. thoughtful
E. clumsy	F. inefficient	G. rich	H. dirty
I. happy	J. chaotic	K. closed	L. careless

Find the synonym of the bold word. Circle the correct answer.

1. **rational**
   A. caring   B. sensible   C. motivating   D. generous   E. perceptive

2. **insightful**
   A. practical   B. dedicated   C. intuitive   D. collaborative   E. gentle

3. **inquisitive**
   A. buoyant   B. keen   C. explorative   D. decisive   E. reserved

4. **inspiring**
   A. attentive   B. explorative   C. faithful   D. motivating   E. sympathetic

5. **original**
   A. able   B. resourceful   C. personable   D. scholarly   E. understanding

6. **truthful**
   A. genuine   B. steadfast   C. courteous   D. venturesome   E. creative

7. **attentive**
   A. energetic   B. graceful   C. poised   D. thoughtful   E. genuine

8. **kind**
   A. generous   B. malleable   C. persistent   D. obliged   E. proficient

9. **diplomatic**
   A. accurate   B. kind   C. courteous   D. industrious   E. relentless

10. **unwavering**
    A. intuitive   B. encouraging   C. affectionate   D. steadfast   E. resourceful

11. **empathetic**
    A. robust   B. understanding   C. real   D. brilliant   E. sensible

12. **intelligent**
    A. devoted   B. truthful   C. thoughtful   D. brilliant   E. honest

13. **faithful**
    A. proficient   B. collaborative   C. devoted   D. robust   E. personable

Find the synonym from the word bank that matches the clue. Then, starting with the circled letter, follow the connected letters through the maze to the last letter. The path can move in any direction.

X	U	D	H	W	C	W	P	W	B	O	U	E	K	M	I	L	V	G	V	T
E	I	T	T	L	N	E	A	P	E	Z	V	Z	E	Z	C	A	C	S	O	L
V	E	F	A	E	N	I	I	T	K	J	X	D	T	M	J	O	L	O	S	P
H	X	O	Z	E	F	N	G	L	T	N	H	I	I	E	N	T	G	A	V	R
V	T	P	Y	V	K	N	S	M	Q	E	V	V	O	H	R	B	Z	I	V	B
I	R	W	P	V	L	I	W	U	E	O	X	X	L	D	Z	A	J	U	Z	O
Z	C	J	M	M	U	W	W	S	H	R	Z	Q	N	B	T	I	A	Z	F	V
R	L	P	X	Y	C	D	R	A	Q	N	V	N	I	O	N	D	I	Q	L	A
C	X	W	X	G	X	B	F	S	I	U	U	S	H	R	T	O	N	R	T	E
R	Q	E	E	D	F	O	H	N	F	E	S	I	T	Ⓛ	I	V	V	O	N	S
A	R	E	B	L	E	N	E	V	I	H	I	S	B	U	A	E	X	T	P	U
Z	S	V	K	H	S	E	A	U	T	A	V	R	S	T	D	L	Y	O	U	S
O	Z	N	P	M	T	B	A	T	C	N	T	E	O	G	N	I	O	G	T	X
A	T	H	G	I	R	B	S	I	U	D	P	S	B	A	N	W	M	R	S	J
G	I	L	E	I	L	L	U	F	D	O	R	C	I	E	P	M	P	X	J	B

1. bustling
2. gregarious
3. perceptive
4. efficient
5. sincere
6. exquisite
7. intelligent
8. nimble

A. agile   **B. honest**   **C. lively**   **D. outgoing**
E. bright **F. observant** **G. productive** **H. beautiful**

Find the synonym from the word bank that matches the clue. Then, locate the hidden words moving up, down, left, or right with one turn and possible crossovers.

1. empathetic
2. devoted
3. tender
4. reserved
5. vigilant
6. curious
7. industrious
8. upbeat
9. merry
10. thankful

A. hardworking **B. gentle** **C. grateful**
D. attentive **E. compassionate** **F. modest**
G. inquisitive **H. positive** **I. joyful**
J. loyal

Find the synonym (similar word) of the bold word. Circle the correct answer.

1. **friendly**
   A. insightful   B. serene
   C. practical   D. amiable
   E. optimistic

2. **forbearing**
   A. faithful   B. lively   C. patient
   D. meticulous   E. tenacious

3. **compassionate**
   A. adaptable   B. hardworking
   C. trustworthy   D. sympathetic
   E. inspiring

4. **jolly**
   A. sympathetic   B. proactive
   C. vigilant   D. jovial   E. honest

5. **ambitious**
   A. dependable   B. eager
   C. sincere   D. versatile
   E. articulate

6. **multitalented**
   A. dedicated   B. intellectual
   C. dynamic   D. versatile
   E. perceptive

7. **determined**
   A. patient   B. zestful
   C. perseverant   D. bold
   E. prudent

8. **energetic**
   A. resilient   B. thoughtful
   C. capable   D. zestful
   E. charismatic

9. **pragmatic**
   A. jovial   B. radiant   C. practical
   D. eager   E. wise

10. **inventive**
    A. influential   B. tactful
    C. graceful   D. imaginative
    E. creative

11. **attentive**
    A. witty   B. cheerful   C. focused
    D. imaginative   E. collaborative

12. **calm**
    A. serene   B. steadfast
    C. uplifting   D. generous
    E. flexible

13. **adjustable**
    A. adaptable   B. enthusiastic
    C. perseverant   D. amiable
    E. focused

14. **eager**
    A. enthusiastic   B. adaptable
    C. zestful   D. radiant   E. bold

Find the synonyms from the word bank that match the numbered clues. Then, locate each word in the letter grid and draw a line connecting its letters.

1.
H	T	Y	I	C
G	Y	U	C	S
S	C	H	A	R
L	I	K	R	D
G	N	R	O	W

5.
V	X	W	A	Z
R	E	E	U	C
I	S	T	F	O
L	S	E	D	H
I	E	N	T	R

2.
O	A	K	C	R
O	Q	G	J	Z
K	U	U	S	E
P	W	L	B	N
S	N	E	I	S

6.
T	B	I	R	X
H	F	M	F	W
S	U	A	G	H
T	A	N	I	O
I	V	E	S	N

3.
L	I	L	O	D
M	Y	E	C	P
V	I	F	W	M
X	G	A	N	J
B	I	L	T	V

7.
P	K	K	Y	X
W	I	D	B	E
R	J	D	A	T
M	B	I	M	E
Y	L	A	B	L

4.
O	H	A	F	D
C	F	U	X	N
W	P	R	H	C
Z	R	U	F	T
W	M	D	E	N

8.
V	S	M	R	E
U	I	L	I	L
R	K	A	A	B
J	K	J	M	L
G	T	M	R	E

1. industrious
2. rational
3. alert
4. cautious
5. robust
6. visionary
7. friendly
8. dependable

A. resilient	**B. sensible**	**C. prudent**
D. amiable	**E. hardworking**	**F. reliable**
G. imaginative	**H. vigilant**	

Pick the synonym from the word bank for each clue and write it in the grid.

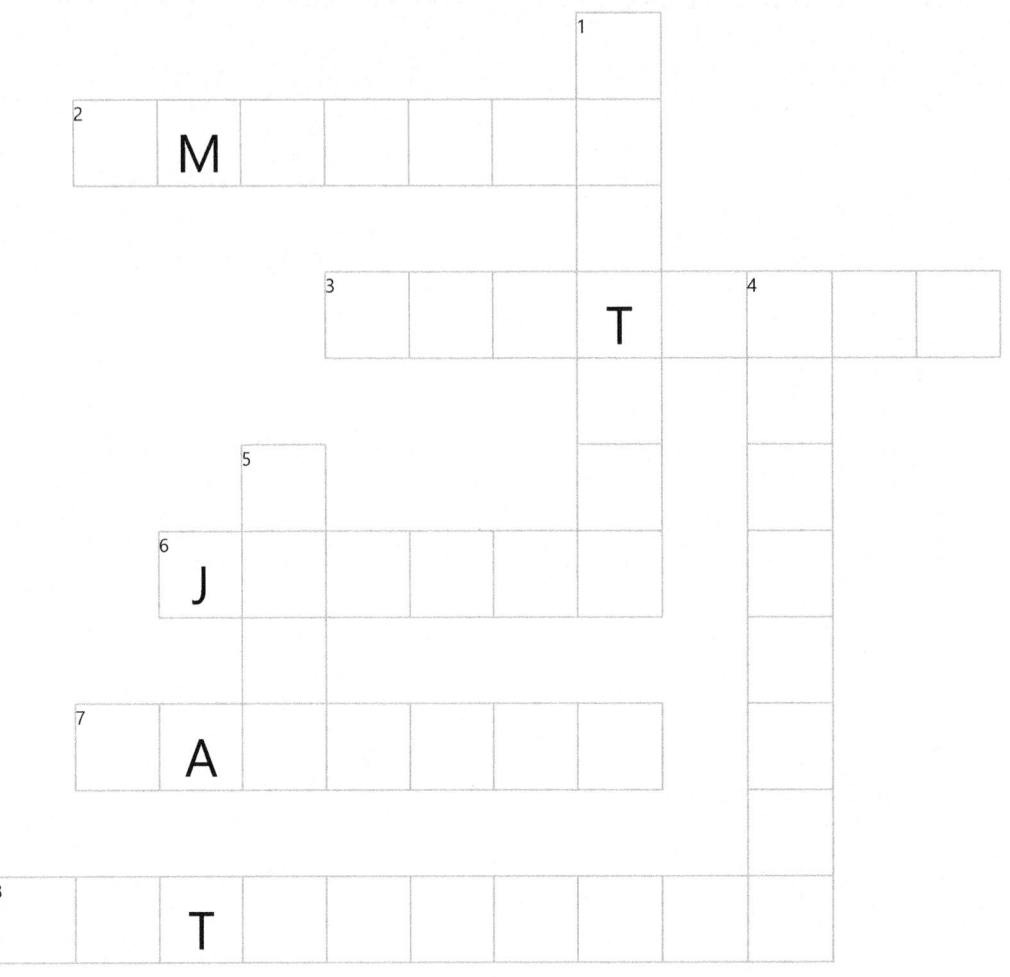

ACROSS
2. friendly
3. thankful
6. merry
7. shining
8. thorough

DOWN
1. energetic
4. brave
5. daring

A. zestful   B. jovial   C. grateful   D. meticulous
E. amiable   F. radiant   G. bold   H. fearless

Find the synonym from the word bank and write it on the line.

1. _____ stutter

2. _____ threatening

3. _____ omit

4. _____ enjoy

5. _____ burn

6. _____ find

7. _____ perceive

8. _____ contusion

9. _____ sprinkle

10. _____ praise

11. _____ search

12. _____ fidget

A. drizzle	B. applaud	C. ominous	D. jitter
E. stammer	F. discern	G. relish	H. quest
I. exclude	J. locate	K. sizzle	L. bruise

Find the synonym of the bold word. Circle the correct answer.

1. **drizzle**
   A. vary   B. conceal   C. large   D. concept   E. sprinkle

2. **definite**
   A. bravery   B. yearly   C. perplex   D. mistake   E. certain

3. **vigilance**
   A. cautious   B. shy   C. necessary   D. watchfulness   E. trouble

4. **ridge**
   A. crest   B. chew   C. vertical   D. gloomy   E. sick

5. **huge**
   A. enormous   B. hesitate   C. crowd   D. sprinkle   E. spot

6. **kindle**
   A. bright   B. ask   C. serious   D. ignite   E. protection

7. **lurk**
   A. irritable   B. grin   C. slow   D. hide   E. retreat

8. **devious**
   A. detonate   B. believable   C. wary   D. enthrall   E. cunning

9. **exquisite**
   A. strong   B. beautiful   C. lucky   D. hide   E. mumble

10. **despise**
    A. guidance   B. shout   C. hate   D. severe   E. entice

11. **capable**
    A. ignite   B. strut   C. danger   D. hurry   E. able

12. **vague**
    A. unclear   B. evade   C. incredible   D. skill   E. sorrow

13. **courage**
    A. surpass   B. enthusiasm   C. bravery   D. redden   E. crest

Find the synonym from the word bank that matches the clue. Then, starting with the circled letter, follow the connected letters through the maze to the last letter. The path can move in any direction.

K	Z	P	G	E	C	A	D	D	P	Q	V	C	Q	J	K	P	S	V	Z	M
J	D	D	N	E	I	S	W	K	J	A	T	W	Y	T	X	S	I	I	W	A
L	T	F	C	S	V	U	A	R	Y	Y	N	P	B	W	M	T	A	T	H	H
T	F	Q	B	F	R	Q	M	W	J	N	C	M	X	J	Y	K	L	N	Y	V
S	L	B	F	G	X	W	L	Y	I	O	O	S	S	O	P	B	M	D	E	N
V	P	L	L	D	D	N	N	J	O	F	J	L	A	U	O	W	(J)	Z	T	T
N	A	T	E	A	Y	B	Y	O	T	F	V	J	J	Y	J	Y	O	U	I	X
O	I	S	W	Q	U	C	U	I	Y	P	T	I	F	H	R	F	U	L	C	O
P	A	S	T	A	E	N	K	K	M	X	N	M	W	K	Y	S	E	Z	P	M
M	O	C	L	U	F	P	L	E	H	R	E	G	A	E	Y	W	P	D	I	M
C	Y	Y	B	W	Z	L	C	I	H	P	I	L	V	E	L	N	E	T	T	B
I	E	L	Z	J	V	A	I	D	X	S	W	P	I	L	E	R	D	T	P	E
M	Q	D	P	V	B	D	R	K	Z	J	D	S	I	N	C	E	M	O	G	W
N	Y	K	R	W	V	E	W	F	I	C	E	T	A	V	I	T	O	P	V	D
D	D	V	J	S	D	D	S	I	Y	G	G	B	T	O	K	L	L	B	G	J

1. cheerful
2. dedicated
3. inspired
4. earnest

5. bustling
6. enthusiastic
7. cooperative
8. empathetic

A. motivated   **B. joyful**   **C. lively**
D. sincere   **E. committed**   **F. eager**
G. helpful   **H. compassionate**

Find the synonym from the word bank that matches the clue. Then, locate the hidden words moving up, down, left, or right with one turn and possible crossovers.

Z	E	U	H	Y	K	P	D	C	N	T	L	G	B	E	O	T	W	J	X
H	A	T	U	G	C	O	R	R	U	P	X	E	Z	T	D	P	U	X	T
U	Y	N	R	T	E	O	H	B	A	E	N	T	E	D	U	L	S	T	P
V	T	A	H	K	R	G	E	N	W	M	M	R	Q	F	X	W	C	Y	R
M	O	D	N	U	B	A	H	E	P	G	S	M	D	M	V	O	I	D	B
V	G	G	J	N	D	P	D	R	A	A	V	E	C	A	W	C	I	E	M
V	I	G	I	O	U	S	I	O	L	R	I	K	E	N	G	D	D	S	B
D	T	S	G	M	W	J	V	U	A	F	L	K	V	C	O	N	F	U	W
J	S	S	N	V	R	Q	J	S	E	O	W	J	I	U	Z	Z	G	W	T
L	E	T	Z	F	K	C	L	L	A	B	R	A	S	T	J	I	T	F	V
R	R	Y	Q	M	P	Y	N	D	T	X	W	Y	O	F	T	X	H	M	Q
M	P	B	P	R	K	Q	Z	I	Q	B	K	X	H	B	L	J	A	R	W
J	N	Q	Y	I	C	A	R	G	I	R	G	S	V	D	G	W	W	R	N
M	W	S	G	O	D	G	Z	O	A	N	Z	W	D	V	Q	U	Y	N	E
F	B	B	X	U	Z	Z	O	V	X	W	O	R	D	I	N	A	R	H	J
C	T	K	X	S	L	K	J	F	F	U	S	I	I	A	Q	B	D	W	F

1. common
2. inflexible
3. harsh
4. renowned
5. plentiful

6. immoral
7. perplexed
8. charitable
9. courteous
10. disconnected

A. fragmented **B. abrasive** **C. gracious** **D. generous**
E. rigid **F. ordinary** **G. confused** **H. prestigious**
I. abundant **J. corrupt**

Find the synonym (similar word) of the bold word. Circle the correct answer.

1. **faithful**
   A. intellectual   B. trustworthy
   C. dedicated   D. hardworking
   E. vigilant

2. **energetic**
   A. trustworthy   B. inspiring
   C. collaborative   D. lively
   E. enthusiastic

3. **innovative**
   A. charismatic   B. dynamic
   C. steadfast   D. creative   E. wise

4. **cordial**
   A. flexible   B. faithful
   C. influential   D. amiable
   E. sympathetic

5. **precise**
   A. articulate   B. zestful
   C. meticulous   D. radiant
   E. bold

6. **competent**
   A. practical   B. perceptive
   C. lively   D. capable   E. witty

7. **prudent**
   A. wise   B. insightful
   C. sagacious   D. proactive
   E. dependable

8. **determined**
   A. eager   B. serene
   C. perseverant   D. honest
   E. amiable

9. **genuine**
   A. tenacious   B. optimistic
   C. adaptable   D. generous
   E. sincere

10. **faithful**
    A. tactful   B. dependable
    C. graceful   D. meticulous
    E. focused

11. **positive**
    A. capable   B. jovial   C. creative
    D. optimistic   E. perseverant

12. **durable**
    A. resilient   B. imaginative
    C. thoughtful   D. prudent
    E. cheerful

13. **benevolent**
    A. uplifting   B. radiant
    C. versatile   D. patient
    E. generous

14. **fluent**
    A. jovial   B. adaptable
    C. influential   D. articulate
    E. imaginative

Find the synonyms from the word bank that match the numbered clues. Then, locate each word in the letter grid and draw a line connecting its letters.

1.
Z	K	S	J	K
F	Q	N	C	A
I	R	H	S	X
Z	E	R	C	V
H	W	D	D	F

2.
D	F	N	C	K
X	M	A	B	Y
R	A	M	I	D
I	T	A	M	A
V	E	N	I	G

3.
A	M	Q	M	E
N	G	C	I	T
H	K	U	C	Y
U	O	L	C	I
Y	U	S	A	F

4.
N	E	R	O	P
E	G	S	U	Y
A	Q	O	E	L
G	M	X	F	T
E	A	O	P	X

5.
S	A	C	E	M
G	R	U	F	U
F	G	L	I	O
H	M	X	W	M
U	S	G	J	Q

6.
F	F	T	F	J
P	J	O	R	P
A	Z	V	U	S
K	I	X	D	T
E	X	U	E	N

7.
Q	A	L	Y	M
W	I	N	U	G
Q	D	I	L	I
W	M	N	E	G
I	H	T	V	I

8.
S	T	Q	A	B
R	J	R	T	F
U	S	Z	B	Y
P	P	T	I	V
I	O	R	H	E

1. intelligent
2. creative
3. thorough
4. charitable

5. poised
6. careful
7. hardworking
8. caring

A. shrewd	**B.** prudent	**C.** supportive	**D.** imaginative
E. meticulous	**F.** diligent	**G.** graceful	**H.** generous

Pick the synonym from the word bank for each clue and write it in the grid.

ACROSS
2. motivating
4. kind
5. powerful
6. enthusiastic

DOWN
1. caring
3. alert

| A. vigilant | B. inspiring | C. thoughtful |
| D. eager | E. influential | F. kind-hearted |

Find the synonym from the word bank and write it on the line.

1. _____ young

2. _____ receive

3. _____ serious

4. _____ thankful

5. _____ abundant

6. _____ appear

7. _____ compute

8. _____ begin

9. _____ happy

10. _____ wise

11. _____ peak

12. _____ snuggle

A. juvenile	B. sage	C. commence	D. accept
E. emerge	F. grateful	G. bountiful	H. gleeful
I. nestle	J. sombre	K. zenith	L. calculate

Find the synonym of the bold word. Circle the correct answer.

1. **end**
   A. polite   B. finish   C. secure   D. produce   E. astonish

2. **clamber**
   A. renowned   B. redirect   C. wanderer   D. protection   E. climb

3. **crisp**
   A. large   B. fresh   C. endorse   D. impressive   E. thorough

4. **rustle**
   A. hunt   B. crinkle   C. pant   D. pleasant   E. enjoy

5. **attack**
   A. assault   B. gigantic   C. jump   D. clever   E. inserted

6. **prickle**
   A. grind   B. float   C. order   D. tingle   E. repair

7. **glorious**
   A. enthusiasm   B. console   C. magnificent   D. abundant   E. confuse

8. **gnash**
   A. discover   B. serious   C. grind   D. loud   E. brave

9. **shrewd**
   A. hesitate   B. certain   C. outlook   D. clever   E. copy

10. **grief**
    A. unsteady   B. reach   C. withdraw   D. adore   E. sorrow

11. **dangerous**
    A. stalk   B. achieve   C. rescue   D. hazardous   E. vertical

12. **duplicate**
    A. contemplate   B. shine   C. danger   D. copy   E. sorrow

13. **grave**
    A. assault   B. tradition   C. serious   D. fresh   E. challenging

Find the synonym from the word bank that matches the clue. Then, starting with the circled letter, follow the connected letters through the maze to the last letter. The path can move in any direction.

R	B	O	W	O	B	N	V	I	F	U	L	S	K	I	L	L	E	D	I	N
C	D	E	O	J	T	S	R	C	Z	W	L	W	W	G	I	D	N	A	X	D
U	T	I	F	U	L	M	E	Y	H	A	L	B	Z	R	T	F	D	C	T	U
A	E	V	I	T	A	E	R	C	T	K	K	Q	X	H	F	P	I	N	T	S
E	B	W	C	G	K	R	X	B	R	(T)	B	L	R	I	Y	B	W	Q	R	B
B	U	C	M	K	J	F	Q	W	O	R	Y	O	M	V	Y	O	A	S	I	O
V	Z	D	U	T	B	J	C	T	S	U	P	R	U	L	U	U	I	N	Z	U
W	G	L	N	W	C	M	X	Q	L	C	L	G	C	W	R	P	D	A	C	S
B	T	W	H	Z	K	A	W	T	P	T	W	D	G	Y	V	C	E	T	I	D
I	P	F	Z	X	R	X	D	Q	H	Q	J	P	X	U	F	P	D	R	D	E
H	U	D	O	G	A	M	Z	J	W	D	T	H	W	M	K	E	A	N	C	J
D	E	B	Y	E	J	D	J	M	D	S	Z	R	F	E	C	A	L	Z	D	S
O	C	O	S	Z	N	U	U	J	J	L	E	Z	U	O	J	S	V	O	C	S
F	J	X	X	D	N	F	E	E	C	V	W	J	L	S	M	L	N	Q	E	Q
H	D	V	Z	S	F	N	O	I	G	V	X	W	K	N	E	E	R	P	L	I

1. reliable
2. ingenious
3. exquisite
4. forgiving

5. accomplished
6. diligent
7. hardworking
8. serene

A. skilled **B. trustworthy** **C. dedicated** **D. merciful**
E. industrious **F. creative** **G. peaceful** **H. beautiful**

Find the synonym from the word bank that matches the clue. Then, locate the hidden words moving up, down, left, or right with one turn and possible crossovers.

1. idealistic
2. plentiful
3. innocent
4. prompt
5. fearful
6. shrewd
7. articulate
8. disconnected
9. honest
10. clever

A. eloquent **B. timely** **C. impractical** **D. fragmented**
E. savvy   **F. timid**   **G. naive**   **H. sincere**
I. witty   **J. abundant**

Find the synonym (similar word) of the bold word. Circle the correct answer.

1. **artistic**
   A. insightful   B. proactive
   C. articulate   D. dependable
   E. practical

2. **malleable**
   A. sympathetic   B. graceful
   C. charismatic   D. adaptable
   E. faithful

3. **considerate**
   A. capable   B. meticulous
   C. thoughtful   D. radiant
   E. jovial

4. **benevolent**
   A. generous   B. lively
   C. thoughtful   D. hardworking
   E. cheerful

5. **visionary**
   A. imaginative   B. focused
   C. bold   D. patient   E. tenacious

6. **pliant**
   A. perseverant   B. flexible
   C. sagacious   D. enthusiastic
   E. resilient

7. **observant**
   A. perceptive   B. vigilant
   C. generous   D. dynamic
   E. intellectual

8. **spirited**
   A. uplifting   B. adaptable
   C. zestful   D. amiable
   E. inspiring

9. **hopeful**
   A. optimistic   B. articulate
   C. dedicated   D. influential
   E. sincere

10. **motivational**
    A. inspiring   B. prudent
    C. perceptive   D. trustworthy
    E. serene

11. **energetic**
    A. proactive   B. imaginative
    C. creative   D. eager   E. tactful

12. **ardent**
    A. wise   B. enthusiastic   C. witty
    D. zestful   E. collaborative

13. **daring**
    A. steadfast   B. bold   C. flexible
    D. honest   E. versatile

14. **courteous**
    A. influential   B. faithful
    C. tactful   D. charismatic
    E. honest

Find the synonyms from the word bank that match the numbered clues. Then, locate each word in the letter grid and draw a line connecting its letters.

1. | B | O | G | Z | W |
    |---|---|---|---|---|
    | N | C | G | N | F |
    | P | L | A | J | J |
    | G | S | U | O | Q |
    | E | N | E | R | M |

2. | D | P | R | K | W |
    |---|---|---|---|---|
    | B | C | A | T | D |
    | F | T | I | U | Q |
    | F | V | C | A | I |
    | X | O | C | L | R |

3. | X | Q | F | C | M |
    |---|---|---|---|---|
    | C | S | D | R | Q |
    | F | U | M | E | L |
    | W | M | E | M | I |
    | P | D | L | B | A |

4. | Y | D | S | Z | D |
    |---|---|---|---|---|
    | K | E | E | N | S |
    | X | J | S | C | I |
    | T | U | P | L | B |
    | W | J | B | E | A |

5. | G | Q | N | K | E |
    |---|---|---|---|---|
    | T | S | M | G | Y |
    | O | V | J | L | U |
    | R | O | U | R | F |
    | E | S | W | C | E |

6. | V | V | G | T | V |
    |---|---|---|---|---|
    | C | T | G | E | P |
    | F | I | W | U | D |
    | T | T | F | H | P |
    | Y | F | E | O | U |

7. | X | T | D | N | L |
    |---|---|---|---|---|
    | E | I | E | M | U |
    | T | E | P | P | B |
    | D | N | E | I | F |
    | A | B | L | X | N |

8. | X | S | J | H | J |
    |---|---|---|---|---|
    | R | M | F | L | E |
    | A | H | U | Z | X |
    | U | G | P | E | I |
    | O | Z | H | L | B |

1. selfless
2. realistic
3. dependable
4. practical
5. inventive
6. clever
7. faithful
8. adaptable

A. sensible	B. reliable	C. witty	D. flexible
E. practical	F. generous	G. dependable	H. resourceful

Pick the synonym from the word bank for each clue and write it in the grid.

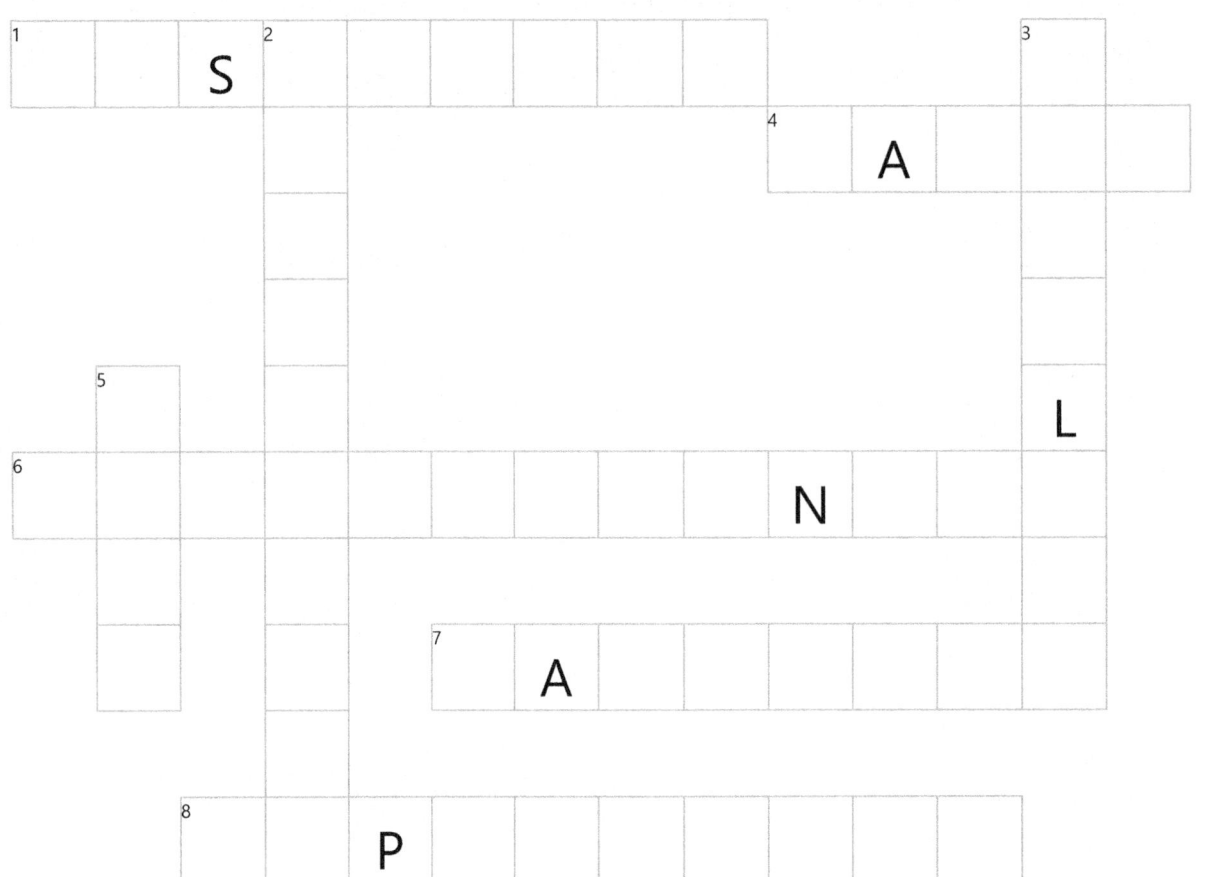

ACROSS
1. motivating
4. enthusiastic
6. empathetic
7. careful
8. trustworthy

DOWN
2. observant
3. brave
5. daring

A. fearless
D. dependable
G. inspiring
B. cautious
E. bold
H. eager
C. compassionate
F. perceptive

Find the synonym from the word bank and write it on the line.

1. _____ detailed

2. _____ jerk

3. _____ designate

4. _____ strong

5. _____ delay

6. _____ wind

7. _____ jumbled

8. _____ convey

9. _____ nimble

10. _____ retain

11. _____ shine

12. _____ huge

A. agile	B. twitch	C. dawdle
D. gleam	E. elaborate	F. robust
G. zigzag	H. communicate	I. vast
J. garbled	K. appoint	L. withhold

Find the synonym of the bold word. Circle the correct answer.

1. **ripple**
   A. challenge   B. neighboring   C. terrible   D. wave   E. courageous

2. **tremble**
   A. die   B. wobble   C. bite   D. shrink   E. shake

3. **twinkle**
   A. attract   B. avoid   C. sparkle   D. evil   E. bravery

4. **exclude**
   A. omit   B. gentle   C. journey   D. passionate   E. rage

5. **discreet**
   A. agile   B. careful   C. economical   D. equilibrium   E. enlighten

6. **combine**
   A. considerate   B. victory   C. search   D. watch   E. merge

7. **authorize**
   A. permit   B. sparkle   C. understand   D. deadly   E. save

8. **dither**
   A. mix   B. keep   C. grow   D. renowned   E. hesitate

9. **jeopardy**
   A. permit   B. desperate   C. danger   D. stress   E. estimate

10. **complete**
    A. flinch   B. agreement   C. surprise   D. strange   E. finish

11. **unique**
    A. decorated   B. pleasant   C. special   D. split   E. frightening

12. **fickle**
    A. omit   B. commotion   C. changeable   D. chase   E. horrible

13. **change**
    A. respect   B. alter   C. harm   D. boring   E. hesitate

Find the synonym from the word bank that matches the clue. Then, starting with the circled letter, follow the connected letters through the maze to the last letter. The path can move in any direction.

J	C	J	S	X	I	S	B	S	S	F	W	R	N	D	R	Z	F	M	M	G
S	M	I	U	S	J	K	T	O	K	F	A	O	N	K	I	R	X	H	P	I
A	M	K	M	Z	G	L	E	V	Y	F	B	V	G	W	R	P	A	X	F	Z
H	H	E	I	T	A	B	U	N	A	W	C	A	S	I	H	H	F	X	Y	R
R	M	I	N	S	A	X	I	W	E	R	S	D	O	V	I	I	J	T	R	V
E	(D)	V	E	D	H	T	R	A	V	I	N	I	H	A	W	D	K	P	W	F
T	E	R	H	S	S	U	D	I	K	S	G	P	Y	U	Q	J	Y	Z	P	D
P	N	E	L	U	I	O	W	L	T	M	V	A	R	D	L	E	X	B	N	P
X	P	W	D	M	R	T	S	L	E	X	V	W	M	S	W	X	L	F	K	O
S	U	O	N	I	N	D	U	P	D	K	S	V	F	E	E	E	L	O	O	A
C	S	T	V	E	I	D	O	R	M	K	A	F	O	K	E	T	T	A	E	T
Q	X	Q	I	T	C	U	Y	H	G	K	L	Y	S	S	J	S	X	J	K	L
B	J	U	T	T	F	L	X	F	R	A	K	Z	R	S	R	L	N	G	O	N
G	H	Q	R	V	U	S	R	N	Q	A	T	I	R	R	J	Z	X	R	F	B
C	P	J	B	Z	B	A	R	G	J	C	W	Y	V	C	E	C	X	L	T	F

1. decisive
2. balanced
3. steadfast
4. accomplished
5. efficient
6. diligent
7. savvy
8. radiant

A. luminous   **B. unwavering**   **C. industrious**   **D. productive**
E. determined   **F. skilled**   **G. shrewd**   **H. stable**

Find the synonym from the word bank that matches the clue. Then, locate the hidden words moving up, down, left, or right with one turn and possible crossovers.

1. disconnected
2. bold
3. grave
4. fearful
5. shrewd
6. lethargic
7. unyielding
8. accurate
9. honest
10. cautious

A. savvy   **B.** sincere   **C.** precise   **D.** timid
E. serious   **F.** fragmented   **G.** rigid   **H.** audacious
I. prudent   **J.** sluggish

Find the synonym (similar word) of the bold word. Circle the correct answer.

1. **attentive**
   A. amiable   B. flexible
   C. inspiring   D. focused
   E. optimistic

2. **poised**
   A. perseverant   B. tactful
   C. trustworthy   D. bold
   E. graceful

3. **perceptive**
   A. proactive   B. insightful
   C. sympathetic   D. cheerful
   E. capable

4. **durable**
   A. resilient   B. wise   C. tenacious
   D. articulate   E. lively

5. **eager**
   A. thoughtful   B. meticulous
   C. enthusiastic   D. practical
   E. radiant

6. **malleable**
   A. eager   B. dynamic
   C. hardworking   D. adaptable
   E. zestful

7. **sharp**
   A. serene   B. witty   C. steadfast
   D. uplifting   E. sincere

8. **attentive**
   A. enthusiastic   B. jovial
   C. generous   D. vigilant
   E. charismatic

9. **trustworthy**
   A. perceptive   B. collaborative
   C. honest   D. imaginative
   E. sagacious

10. **qualified**
    A. capable   B. dedicated
    C. insightful   D. influential
    E. resilient

11. **influential**
    A. graceful   B. inspiring
    C. faithful   D. honest   E. patient

12. **mirthful**
    A. dependable   B. versatile
    C. prudent   D. witty   E. jovial

13. **placid**
    A. prudent   B. versatile
    C. creative   D. serene
    E. thoughtful

14. **ambitious**
    A. eager   B. charismatic
    C. steadfast   D. faithful
    E. enthusiastic

Find the synonyms from the word bank that match the numbered clues. Then, locate each word in the letter grid and draw a line connecting its letters.

1.
I	Y	P	W	V
S	R	R	Q	C
V	F	A	P	M
B	D	I	F	U
H	X	T	H	L

2.
B	D	A	I	Q
S	U	C	I	A
V	W	S	D	U
R	N	E	I	E
L	S	I	B	L

3.
Q	P	H	G	N
O	Q	X	R	A
X	C	E	N	C
W	F	D	T	E
S	Q	L	U	F

4.
O	I	U	R	V
D	S	E	M	E
T	I	W	W	E
H	U	T	K	M
V	L	X	M	L

5.
W	M	A	R	O
T	R	I	T	V
H	I	C	U	Z
N	W	B	L	E
Y	M	N	A	T

6.
F	W	T	T	O
L	U	J	A	H
Z	Q	W	S	J
E	A	U	S	Y
S	L	O	X	B

7.
V	C	L	Z	W
X	H	K	S	B
B	S	I	N	B
T	J	E	C	O
V	W	R	E	W

8.
J	B	R	I	M
U	U	J	L	Z
K	G	V	L	I
E	L	K	K	A
N	X	I	T	N

1. devoted
2. rational
3. elegant
4. sensible
5. eloquent
6. passionate
7. genuine
8. gifted

A. graceful	B. brilliant	C. wise	D. zealous
E. sensible	F. faithful	G. articulate	H. sincere

Pick the synonym from the word bank for each clue and write it in the grid.

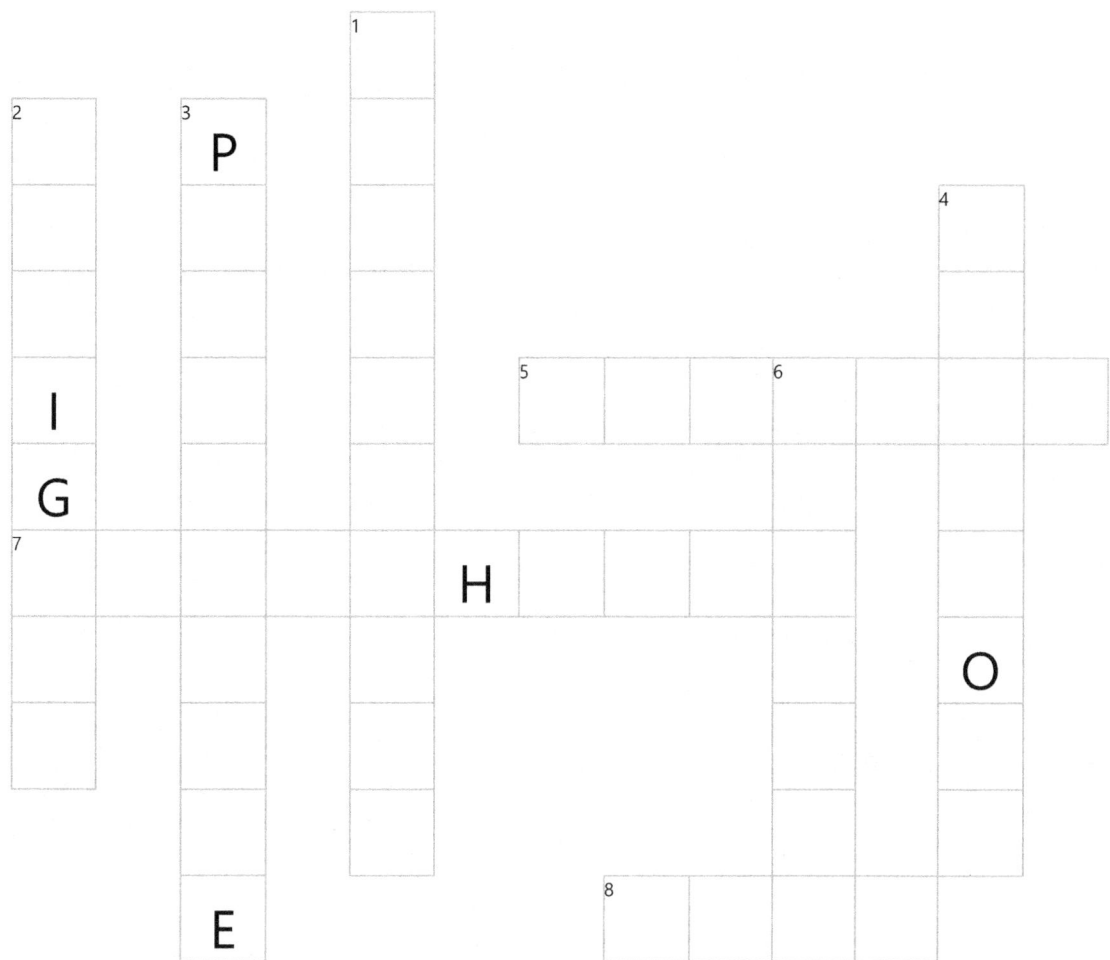

ACROSS
5. energetic
7. understanding
8. daring

DOWN
1. kind
2. industrious
3. observant
4. careful
6. polite

A. zestful	B. diligent	C. thoughtful	D. tactful
E. cautious	F. empathetic	G. bold	H. perceptive

Find the synonym from the word bank and write it on the line.

1. _____ impending

2. _____ complain

3. _____ praise

4. _____ anger

5. _____ expand

6. _____ shining

7. _____ delicate

8. _____ enjoy

9. _____ perplex

10. _____ flexible

11. _____ frequent

12. _____ acquire

A. savour	B. applaud	C. wrath	D. pliable
E. common	F. enlarge	G. obtain	H. baffle
I. grumble	J. gleaming	K. imminent	L. fragile

Find the synonym of the bold word. Circle the correct answer.

1. **plod**
   A. weak   B. hazardous   C. attempt   D. burn   E. trudge

2. **ripple**
   A. expand   B. enjoy   C. wise   D. gorgeous   E. wave

3. **nervous**
   A. unclear   B. flawless   C. anxious   D. destroy   E. wrestle

4. **dark**
   A. gloomy   B. crowd   C. waste   D. control   E. steady

5. **beautiful**
   A. gorgeous   B. laugh   C. float   D. debate   E. mistake

6. **blunder**
   A. decrease   B. mock   C. clumsy   D. mistake   E. mix

7. **appreciate**
   A. imitate   B. value   C. block   D. join   E. mishandle

8. **weary**
   A. mishap   B. tired   C. glide   D. dirty   E. believable

9. **ferocious**
   A. small   B. essential   C. fierce   D. explain   E. merciless

10. **attend**
    A. adorn   B. participate   C. perplex   D. thorough   E. order

11. **hasty**
    A. value   B. wary   C. convey   D. beat   E. quick

12. **numb**
    A. disturb   B. spread   C. stress   D. insensitive   E. quick

13. **argue**
    A. lovable   B. debate   C. appear   D. tidy   E. tasty

Find the synonym from the word bank that matches the clue. Then, starting with the circled letter, follow the connected letters through the maze to the last letter. The path can move in any direction.

X	T	Z	F	N	E	T	N	E	X	A	X	A	X	Y	P	G	D	N	I	Ⓚ
Z	E	Q	F	H	H	O	V	A	D	O	X	F	I	C	R	E	M	F	J	Q
N	A	W	Q	B	J	Q	D	F	P	I	X	U	H	Q	D	G	W	M	S	Y
N	R	F	Q	L	K	K	N	A	F	O	C	L	P	Y	O	J	J	A	B	I
N	W	I	A	L	P	Y	J	H	F	M	P	A	X	W	R	K	N	K	D	W
U	F	E	Q	Z	D	C	A	Z	K	J	X	S	H	D	F	N	Z	V	Q	M
G	P	R	B	D	E	Q	T	O	M	E	T	S	I	E	N	E	L	E	G	M
F	V	D	W	X	E	Y	I	V	K	Q	A	N	O	O	A	J	Y	U	R	E
L	S	T	Q	Q	F	O	C	A	T	N	U	N	Y	N	U	Y	F	R	U	X
J	K	C	X	L	O	V	Z	D	E	C	B	U	G	W	M	I	T	T	K	P
W	A	H	A	J	D	R	D	A	A	X	V	P	V	R	E	W	I	U	L	U
I	U	H	C	V	G	L	A	B	T	O	Q	L	E	B	F	U	B	X	Y	F
X	C	J	T	U	T	N	P	T	X	D	M	G	C	G	E	N	T	J	O	C
Z	D	O	K	Y	C	N	B	A	T	V	Z	Q	P	I	L	L	E	T	N	I
B	O	T	T	J	A	Q	G	B	L	E	U	N	W	A	V	E	R	I	N	G

1. benevolent
2. forgiving
3. empathetic
4. inspired

5. flexible
6. steadfast
7. astute
8. cheerful

A. joyful **B. motivated** **C. intelligent**
D. merciful **E. adaptable** **F. compassionate**
G. kind **H. unwavering**

Find the synonym from the word bank that matches the clue. Then, locate the hidden words moving up, down, left, or right with one turn and possible crossovers.

1. harsh
2. fearful
3. widespread
4. articulate
5. logical
6. determined
7. tardy
8. dishonourable
9. awkward
10. melodious

A. harmonious   **B. clumsy**   **C. belated**   **D. coherent**
E. ignoble   **F. timid**   **G. resolute**   **H. eloquent**
I. pervasive   **J. abrasive**

Find the synonym (similar word) of the bold word. Circle the correct answer.

1. **adaptable**
   A. trustworthy B. perceptive
   C. witty D. versatile
   E. dependable

2. **faithful**
   A. capable B. trustworthy
   C. inspiring D. focused
   E. proactive

3. **placid**
   A. uplifting B. tactful C. serene
   D. charismatic E. thoughtful

4. **durable**
   A. sympathetic B. generous
   C. resilient D. wise E. faithful

5. **truthful**
   A. sincere B. lively C. radiant
   D. zestful E. hardworking

6. **powerful**
   A. sincere B. insightful
   C. influential D. serene
   E. prudent

7. **fearless**
   A. vigilant B. creative
   C. optimistic D. bold E. flexible

8. **spirited**
   A. steadfast B. dedicated
   C. practical D. zestful
   E. graceful

9. **poised**
   A. graceful B. enthusiastic
   C. imaginative D. perseverant
   E. intellectual

10. **relentless**
    A. cheerful B. eager
    C. articulate D. tenacious
    E. adaptable

11. **team-oriented**
    A. sagacious B. tenacious
    C. influential D. honest
    E. collaborative

12. **intelligent**
    A. dynamic B. patient
    C. versatile D. amiable
    E. insightful

13. **centered**
    A. meticulous B. resilient
    C. bold D. focused E. jovial

14. **empathetic**
    A. uplifting B. inspiring
    C. adaptable D. sympathetic
    E. resilient

Find the synonyms from the word bank that match the numbered clues. Then, locate each word in the letter grid and draw a line connecting its letters.

1. | I | V | H | X | D |
    |---|---|---|---|---|
    | L | I | D | A | C |
    | Z | E | C | V | E |
    | I | M | L | E | R |
    | A | H | D | L | U |

5. | A | V | A | C | I |
    |---|---|---|---|---|
    | O | L | A | H | R |
    | I | M | R | X | G |
    | N | G | J | A | Y |
    | C | E | K | T | S |

2. | K | F | K | P | W |
    |---|---|---|---|---|
    | Q | M | R | H | Q |
    | M | P | O | I | I |
    | B | I | R | L | A |
    | A | C | H | T | N |

6. | B | Z | L | E | P |
    |---|---|---|---|---|
    | K | T | U | I | E |
    | M | H | F | S | R |
    | B | K | S | I | T |
    | F | Z | T | E | N |

3. | K | H | K | L | V |
    |---|---|---|---|---|
    | H | I | L | Z | D |
    | A | O | F | L | K |
    | M | Y | N | F | G |
    | I | A | B | L | E |

7. | D | K | H | T | R |
    |---|---|---|---|---|
    | J | R | F | L | U |
    | H | T | W | T | S |
    | Y | R | O | H | S |
    | W | L | K | U | T |

4. | E | M | U | H | V |
    |---|---|---|---|---|
    | A | J | B | A | K |
    | R | E | F | Z | T |
    | I | S | N | T | S |
    | L | I | E | L | U |

8. | P | W | I | H | C |
    |---|---|---|---|---|
    | Q | G | Q | A | G |
    | E | Z | L | R | D |
    | G | N | X | U | W |
    | W | I | K | R | O |

1. sharp
2. humanitarian
3. cordial
4. tenacious

5. captivating
6. relentless
7. honest
8. industrious

A. trustworthy	**B. philanthropic**	**C. clever**
D. resilient	**E. persistent**	**F. hardworking**
G. amiable	**H. charming**	

Pick the synonym from the word bank for each clue and write it in the grid.

ACROSS
1. compassionate
3. diligent
4. polite
6. merry
8. cooperative

DOWN
2. articulate
5. friendly
7. faithful

A. tactful   B. hardworking   C. amiable
D. jovial   E. sympathetic   F. loyal
G. eloquent H. collaborative

Find the synonym from the word bank and write it on the line.

1. _____ dale

2. _____ dry

3. _____ enchant

4. _____ vary

5. _____ eager

6. _____ snap

7. _____ hurry

8. _____ hurry

9. _____ bright

10. _____ extra

11. _____ essential

12. _____ struggle

A. surplus	B. crackle	C. captivate	D. fluctuate
E. vital	F. enthusiastic	G. vivid	H. parch
I. valley	J. scuffle	K. scurry	L. haste

Find the synonym of the bold word. Circle the correct answer.

1. **courage**
   A. damage   B. easy   C. bravery   D. assert   E. slow

2. **astound**
   A. comfortable   B. bite   C. accept   D. amaze   E. clumsy

3. **exchange**
   A. unintentional   B. trade   C. weak   D. late   E. watchfulness

4. **enquire**
   A. hinder   B. lovable   C. bright   D. thorough   E. ask

5. **advice**
   A. balance   B. guidance   C. quick   D. cower   E. unavoidable

6. **bright**
   A. brilliant   B. thick   C. observe   D. receive   E. search

7. **optimistic**
   A. wiggle   B. fascinating   C. hopeful   D. roam   E. frequent

8. **loiter**
   A. wanderer   B. special   C. reply   D. devote   E. linger

9. **yearn**
   A. happy   B. idea   C. produce   D. long   E. commemorate

10. **salvage**
    A. rescue   B. ritual   C. suppress   D. soak   E. rebellious

11. **twinkle**
    A. equilibrium   B. crack   C. rely   D. apathetic   E. sparkle

12. **quick**
    A. care   B. courteous   C. rapid   D. convey   E. soiled

13. **prickly**
    A. irritable   B. select   C. sparkle   D. honorable   E. order

Find the synonym from the word bank that matches the clue. Then, starting with the circled letter, follow the connected letters through the maze to the last letter. The path can move in any direction.

W	U	T	A	Q	S	D	L	J	R	L	M	S	O	R	K	R	L	S	N	V
O	E	P	U	C	J	E	B	B	R	U	A	D	Y	C	X	N	Y	G	Y	T
A	B	R	O	N	I	N	C	X	S	R	A	U	H	Q	D	F	N	I	Y	K
H	Z	Q	M	O	P	O	N	E	M	L	P	B	O	D	Y	F	O	B	R	Z
D	Z	C	Z	I	Q	L	T	H	L	Y	A	J	S	B	A	C	Z	T	Y	O
T	F	F	L	T	T	N	E	A	Y	H	H	K	D	Z	N	M	F	Y	D	U
W	L	E	H	E	B	N	P	S	V	B	X	D	P	I	S	K	J	T	X	N
A	B	(F)	L	L	P	P	X	X	O	H	M	Q	S	Y	P	B	N	P	T	U
R	U	W	A	U	F	V	U	X	E	S	W	A	X	M	H	X	I	Z	P	A
T	D	L	E	L	F	G	Q	Z	Q	B	F	F	P	O	W	W	T	G	Z	K
N	E	S	S	W	A	N	W	P	M	P	E	R	O	A	L	H	K	D	R	D
B	L	P	Y	V	I	T	V	W	Q	C	S	P	P	H	P	V	A	H	R	M
A	A	E	W	J	M	H	F	U	L	C	O	N	L	S	K	H	Q	L	I	B
P	C	E	F	B	U	Y	F	L	F	T	U	S	L	E	N	X	T	U	D	N
A	C	L	U	H	A	F	Z	J	Q	H	J	I	D	E	R	A	T	E	K	I

1. impeccable
2. serene
3. competent
4. resilient
5. cooperative
6. devoted
7. thoughtful
8. benevolent

A. helpful **B. peaceful** **C. faithful** **D. capable**
E. considerate **F. flawless** **G. durable** **H. kind**

Find the synonym from the word bank that matches the clue. Then, locate the hidden words moving up, down, left, or right with one turn and possible crossovers.

1. productive
2. funny
3. cautious
4. fragile
5. innocent
6. pure
7. clever
8. bright
9. energetic
10. rash

A. humorous **B. innocent** **C. witty** **D. vibrant**
E. naive **F. fertile** **G. reckless** **H. prudent**
I. spirited **J. delicate**

Find the synonym (similar word) of the bold word. Circle the correct answer.

1. **collective**
   A. resilient   B. steadfast
   C. collaborative   D. charismatic
   E. enthusiastic

2. **calm**
   A. radiant   B. serene   C. jovial
   D. bold   E. adaptable

3. **motivational**
   A. vigilant   B. uplifting
   C. articulate   D. meticulous
   E. intellectual

4. **inventive**
   A. perseverant   B. faithful
   C. imaginative   D. capable
   E. perceptive

5. **audacious**
   A. dynamic   B. zestful   C. bold
   D. uplifting   E. graceful

6. **persistent**
   A. hardworking   B. sympathetic
   C. insightful   D. creative
   E. versatile

7. **courageous**
   A. trustworthy   B. bold
   C. sincere   D. honest   E. patient

8. **fluent**
   A. inspiring   B. focused
   C. collaborative   D. articulate
   E. prudent

9. **trustworthy**
   A. practical   B. serene
   C. faithful   D. proactive
   E. dependable

10. **vigorous**
    A. dynamic   B. witty
    C. generous   D. optimistic
    E. hardworking

11. **competent**
    A. capable   B. wise
    C. dedicated   D. tactful   E. eager

12. **honest**
    A. sincere   B. tenacious
    C. imaginative   D. thoughtful
    E. influential

13. **functional**
    A. cheerful   B. flexible   C. lively
    D. amiable   E. practical

14. **energetic**
    A. tactful   B. charismatic
    C. hardworking   D. zestful
    E. bold

Find the synonyms from the word bank that match the numbered clues. Then, locate each word in the letter grid and draw a line connecting its letters.

1.
Q	V	Z	Y	N
G	E	T	D	H
E	N	C	M	U
R	F	A	H	L
O	U	S	S	Q

5.
J	Z	V	X	P
K	O	M	Z	U
S	T	U	G	R
H	Q	U	F	A
X	W	L	E	C

2.
I	Z	C	U	A
H	L	S	G	L
P	N	E	P	C
L	S	I	X	G
F	R	B	L	E

6.
Y	O	R	G	A
J	C	Z	I	N
H	D	E	E	U
Y	H	Z	P	G
K	K	E	Y	O

3.
E	X	V	J	E
F	N	M	H	S
H	Z	B	S	T
A	F	D	A	E
S	T	L	Q	T

7.
Q	X	T	X	E
R	U	H	W	T
U	A	R	T	A
E	U	F	I	L
M	X	A	C	U

4.
D	K	P	U	D
G	S	C	B	O
K	Y	R	S	T
V	A	E	E	Y
B	T	I	V	P

8.
M	H	T	B	G
H	T	U	O	H
Y	C	Q	L	F
B	D	K	D	I
T	K	H	I	Y

1. altruistic
2. practical
3. determined
4. original

5. refined
6. methodical
7. expressive
8. audacious

| **A. organized** | **B. articulate** | **C. generous** | **D. steadfast** |
| **E. graceful** | **F. creative** | **G. sensible** | **H. bold** |

Pick the synonym from the word bank for each clue and write it in the grid.

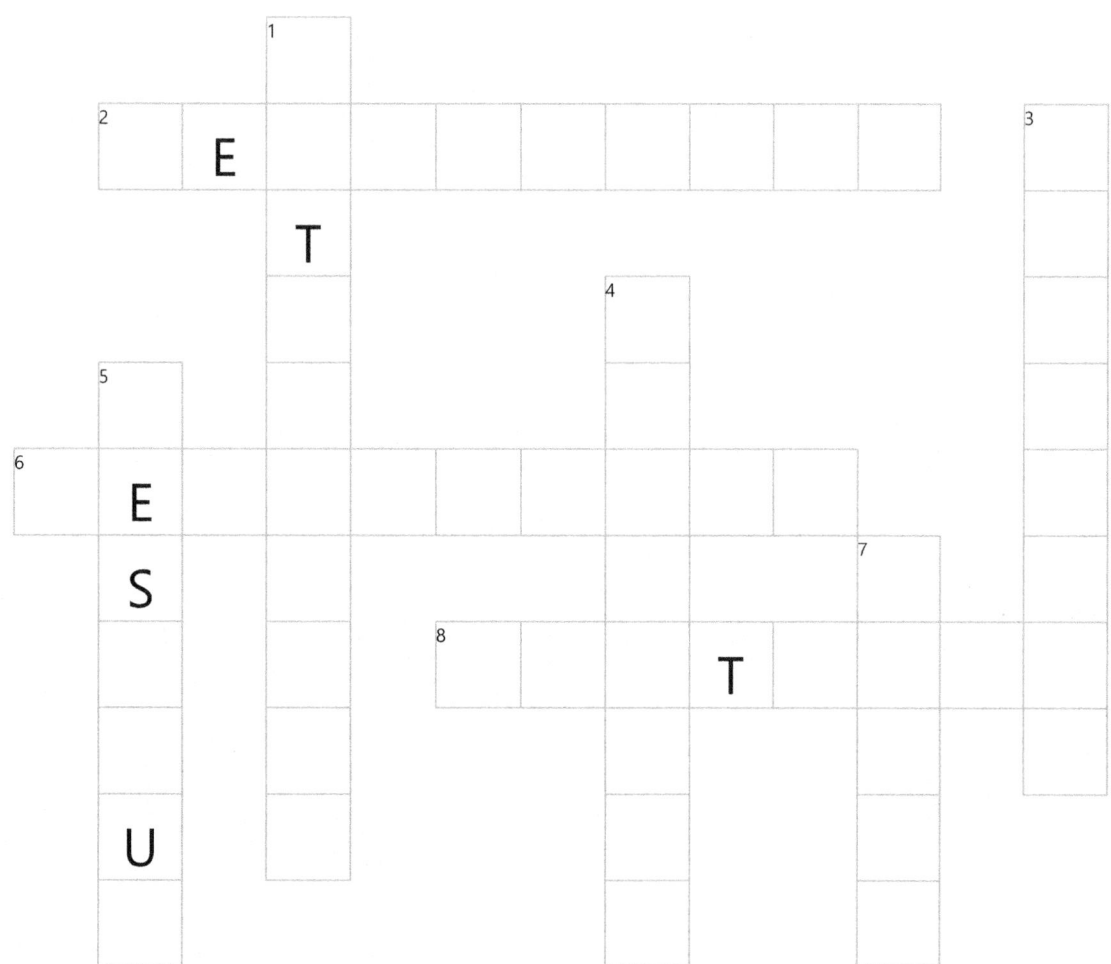

ACROSS
2. trustworthy
6. thorough
8. careful

DOWN
1. hopeful
3. brave
4. articulate
5. energetic
7. faithful

A. dependable B. meticulous C. fearless D. eloquent
E. loyal F. cautious G. zestful H. optimistic

Find the synonym from the word bank and write it on the line.

1. _____ intentional

2. _____ quick

3. _____ spill

4. _____ essential

5. _____ powerful

6. _____ vanish

7. _____ careless

8. _____ foe

9. _____ search

10. _____ large

11. _____ suitable

12. _____ noise

A. swift	B. rummage	C. reckless	D. clamour
E. deliberate	F. big	G. disappear	H. crucial
I. mighty	J. appropriate	K. enemy	L. splatter

Find the synonym of the bold word. Circle the correct answer.

1. **glisten**
   A. shine   B. mix   C. prevent   D. concern   E. soak

2. **build**
   A. mourn   B. essential   C. construct   D. shine   E. steer

3. **delightful**
   A. explain   B. shade   C. articulate   D. repaired   E. pleasing

4. **deny**
   A. crush   B. robust   C. refuse   D. find   E. eager

5. **bleak**
   A. mutilate   B. clever   C. fairness   D. request   E. dismal

6. **devious**
   A. gloomy   B. scarce   C. exhausting   D. cunning   E. authentic

7. **valley**
   A. injure   B. dale   C. thick   D. adore   E. hesitate

8. **wary**
   A. cautious   B. disregard   C. destroy   D. completely   E. gather

9. **clear**
   A. transparent   B. delicate   C. watchful   D. scurry   E. disintegrate

10. **flounder**
    A. dread   B. bravery   C. increase   D. dry   E. struggle

11. **pelt**
    A. throw   B. shake   C. quick   D. equal   E. damage

12. **durable**
    A. cunning   B. participate   C. keep   D. lasting   E. thorough

13. **solemn**
    A. lovable   B. overstate   C. convey   D. overcome   E. serious

Find the synonym from the word bank that matches the clue. Then, starting with the circled letter, follow the connected letters through the maze to the last letter. The path can move in any direction.

K	Y	L	B	A	Z	G	Q	P	K	I	O	U	S	D	E	D	I	C	A	T
E	V	G	P	E	E	N	G	D	T	R	F	P	S	U	U	N	K	T	V	E
H	B	C	C	J	W	O	G	G	S	U	Y	P	T	F	D	P	M	O	C	D
D	M	E	R	N	D	L	Y	I	N	D	N	O	I	S	S	A	L	O	Q	N
M	E	D	T	E	I	O	R	E	E	T	A	Q	O	P	F	L	J	N	I	B
L	K	B	D	F	R	(O)	U	T	G	O	Y	Y	P	R	J	Z	L	P	H	Q
V	Z	F	E	T	T	I	V	I	L	I	E	T	P	Y	Y	Q	H	W	B	P
J	Z	O	C	O	M	M	E	L	G	N	U	U	Q	E	C	G	A	M	S	P
W	N	U	E	L	I	G	A	Y	T	D	C	X	A	T	Q	Z	G	P	Y	K
C	V	C	E	X	J	G	R	V	F	Q	Z	C	N	O	Y	S	M	E	S	L
E	W	D	T	D	O	P	J	O	O	F	R	T	Z	K	Y	I	V	G	Q	V
Y	O	M	D	U	N	E	S	H	U	L	F	Z	Y	Y	Y	L	T	U	Q	H
H	Q	L	H	I	N	E	Z	K	R	X	C	P	F	H	Q	Q	I	B	K	R
H	U	T	M	U	B	M	Z	W	B	L	Z	N	R	X	B	W	L	Z	A	S
W	C	N	D	J	S	Q	H	U	L	T	G	Q	A	W	S	V	O	L	R	A

1. gregarious
2. bustling
3. nimble
4. dedicated

5. amiable
6. diligent
7. hardworking
8. empathetic

A. dedicated   **B. agile**   **C. friendly**
D. outgoing   **E. lively**   **F. committed**
G. compassionate   **H. industrious**

Find the synonym from the word bank that matches the clue. Then, locate the hidden words moving up, down, left, or right with one turn and possible crossovers.

1. virtuous
2. listless
3. rude
4. productive
5. contained
6. polite
7. moral
8. charitable
9. gloomy
10. agile

A. generous **B. localized** **C. lethargic** **D. wholesome**
E. ungracious **F. fertile** **G. melancholy** **H. noble**
I. nimble **J. courteous**

Find the synonym (similar word) of the bold word. Circle the correct answer.

1. **powerful**
   A. thoughtful   B. flexible
   C. articulate   D. perceptive
   E. influential

2. **relentless**
   A. perseverant   B. uplifting
   C. tenacious   D. enthusiastic
   E. amiable

3. **pliant**
   A. flexible   B. creative   C. bold
   D. dependable   E. patient

4. **considerate**
   A. witty   B. graceful   C. prudent
   D. sympathetic   E. dynamic

5. **robust**
   A. resilient   B. zestful
   C. generous   D. capable
   E. sympathetic

6. **considerate**
   A. meticulous   B. optimistic
   C. charismatic   D. thoughtful
   E. practical

7. **observant**
   A. dedicated   B. perceptive
   C. imaginative   D. honest
   E. trustworthy

8. **kind**
   A. cheerful   B. tactful
   C. influential   D. generous
   E. hardworking

9. **skilled**
   A. radiant   B. capable
   C. versatile   D. sincere
   E. vigilant

10. **placid**
    A. eager   B. jovial   C. insightful
    D. serene   E. adaptable

11. **dependable**
    A. focused   B. proactive
    C. intellectual   D. wise
    E. trustworthy

12. **self-starting**
    A. faithful   B. collaborative
    C. inspiring   D. proactive
    E. resilient

13. **positive**
    A. lively   B. tenacious   C. serene
    D. steadfast   E. optimistic

14. **motivational**
    A. uplifting   B. articulate
    C. dependable   D. honest
    E. lively

Find the antonym (opposite word) of the bold word. Circle the correct answer.

1. **novice**
   A. ineligible   B. yielding
   C. expert   D. elevate
   E. background

2. **hasty**
   A. outside   B. arrogant
   C. deliberate   D. lend   E. single

3. **approve**
   A. push   B. scarce
   C. disapprove   D. facilitate
   E. reluctant

4. **married**
   A. decrease   B. single   C. evasive
   D. war   E. inadequate

5. **extrovert**
   A. impoverish   B. cowardly
   C. prey   D. wild   E. introvert

6. **outside**
   A. occasional   B. inside
   C. disappointed   D. endanger
   E. expand

7. **pass**
   A. fail   B. undesirable   C. failure
   D. lag   E. wake

8. **dying**
   A. disapprove   B. superficial
   C. common   D. cooked
   E. thriving

9. **enrich**
   A. frigid   B. disappear   C. drab
   D. straighten   E. impoverish

10. **barbaric**
    A. insignificant   B. unworthy
    C. asleep   D. civilized   E. deep

11. **grimy**
    A. clean   B. tumultuous
    C. unequal   D. under
    E. consume

12. **tragic**
    A. group   B. slow   C. comic
    D. enthusiasm   E. weakness

13. **melt**
    A. everywhere   B. bloom
    C. attend   D. uninterested
    E. freeze

14. **colleague**
    A. worse   B. difficulty
    C. adversary   D. stupid
    E. specific

Find the synonyms from the word bank that match the numbered clues. Then, locate each word in the letter grid and draw a line connecting its letters.

1. | O | F | E | C | F |
    |---|---|---|---|---|
    | B | G | S | I | W |
    | T | D | B | F | A |
    | Q | E | Q | X | S |
    | U | R | H | C | Z |

2. | P | I | Q | H | X |
    |---|---|---|---|---|
    | J | W | Y | J | K |
    | J | O | K | G | W |
    | A | V | L | T | L |
    | M | I | A | Z | H |

3. | J | M | S | S | Y |
    |---|---|---|---|---|
    | H | Y | P | G | Y |
    | N | U | R | A | J |
    | Q | E | G | C | T |
    | L | L | A | C | I |

4. | H | Z | Q | Q | C |
    |---|---|---|---|---|
    | P | T | B | D | T |
    | K | C | A | N | E |
    | R | I | O | V | X |
    | Z | E | U | S | H |

5. | B | U | A | E | O |
    |---|---|---|---|---|
    | J | V | H | E | S |
    | E | N | E | R | T |
    | P | Q | S | L | T |
    | I | C | E | O | Q |

6. | C | K | X | X | H |
    |---|---|---|---|---|
    | V | O | J | P | T |
    | C | E | O | N | L |
    | H | E | E | B | L |
    | W | Z | R | F | U |

7. | K | R | R | V | L |
    |---|---|---|---|---|
    | E | R | V | Q | R |
    | H | O | R | K | P |
    | A | W | Y | I | P |
    | R | D | C | N | G |

8. | E | S | D | P | Z |
    |---|---|---|---|---|
    | V | Y | S | K | X |
    | P | M | M | C | T |
    | A | E | T | I | T |
    | T | H | L | S | U |

1. knowledgeable
2. jolly
3. realistic
4. persistent
5. placid
6. merry
7. dedicated
8. empathetic

A. hardworking	**B. practical**	**C. wise**
D. jovial	**E. sympathetic**	**F. tenacious**
G. serene	**H. cheerful**	

Pick the antonym from the word bank for each clue and write it in the grid.

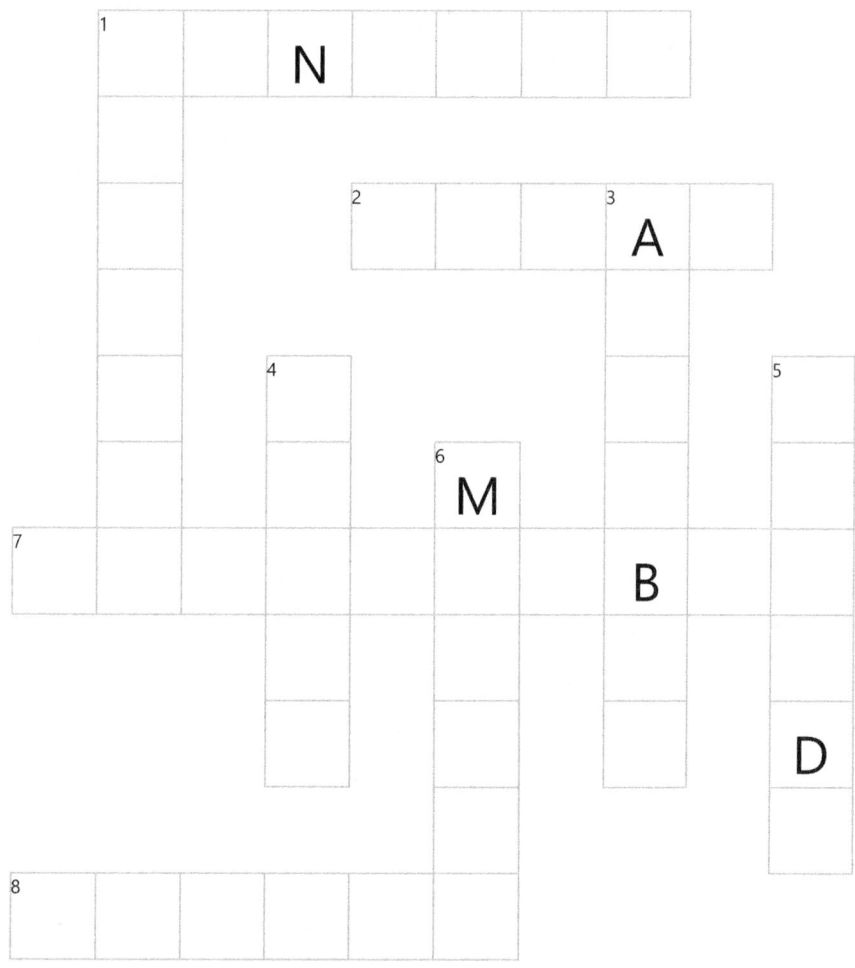

ACROSS
1. condemn
2. submerge
7. safe
8. immaculate

DOWN
1. ambivalent
3. silent
4. filthy
5. unstable
6. tiny

A. condone	B. clean	C. unreliable	D. steady
E. float	F. certain	G. filthy	H. audible
I. mighty			

Find the synonym from the word bank and write it on the line.

1. _____ impoverished

2. _____ tender

3. _____ negative

4. _____ fearful

5. _____ elevated

6. _____ sluggish

7. _____ stable

8. _____ changeable

9. _____ disordered

10. _____ inquisitive

11. _____ downcast

12. _____ secure

A. timid	B. pessimistic	C. safe	D. curious
E. fickle	F. miserable	G. chaotic	H. high
I. steady	J. gentle	K. slow	L. poor

Find the antonym of the bold word. Circle the correct answer.

1. **proud**
   A. endangered   B. kindle   C. public   D. humble   E. doubt

2. **immature**
   A. permitted   B. out   C. depress   D. mature   E. fumble

3. **foul**
   A. long   B. fragrant   C. justice   D. cautious   E. logical

4. **wide**
   A. emotional   B. great   C. narrow   D. decisive   E. elegant

5. **disorganized**
   A. blunt   B. acquit   C. horizontal   D. earnest   E. coordinated

6. **vertical**
   A. unity   B. horizontal   C. dreary   D. lend   E. relevant

7. **dark**
   A. light   B. liquid   C. original   D. exceed   E. prompt

8. **harmless**
   A. gaudy   B. fatal   C. anchor   D. ensure   E. faint

9. **late**
   A. import   B. colleague   C. honest   D. achievement   E. early

10. **imprudent**
    A. lower   B. valour   C. minor   D. come   E. prudent

11. **indirect**
    A. direct   B. prudent   C. jovial   D. dead   E. below

12. **insecure**
    A. confident   B. foreign   C. cease   D. bold   E. direct

13. **tasteful**
    A. peril   B. heighten   C. dollop   D. vague   E. gaudy

Find the synonym from the word bank that matches the clue. Then, starting with the circled letter, follow the connected letters through the maze to the last letter. The path can move in any direction.

S	H	V	Q	K	A	M	N	I	X	B	M	P	S	B	M	Q	C	M	I	D
L	U	F	E	C	X	N	H	K	K	U	R	Y	H	P	T	G	U	U	H	E
W	E	S	K	R	A	S	B	R	H	S	M	K	F	C	M	I	B	A	V	T
N	G	E	D	U	O	A	G	U	O	A	I	P	Y	L	R	A	L	H	(S)	F
U	Y	G	R	E	S	T	I	I	T	P	R	E	U	Y	U	Y	O	H	C	C
B	L	I	E	L	T	N	E	V	M	E	C	Q	C	S	H	H	T	E	C	K
O	G	N	I	E	F	E	G	U	Y	O	Q	Q	E	M	P	L	R	S	J	B
U	R	A	G	P	X	O	Q	X	I	O	O	D	X	Q	G	X	E	H	Z	N
O	C	N	E	E	V	V	F	W	A	A	Z	E	R	D	T	I	I	Q	N	U
B	U	S	T	R	G	A	U	S	Q	V	W	O	W	C	X	I	I	T	L	W
O	A	N	O	S	N	C	Q	V	N	N	B	X	P	M	G	E	U	G	U	G
R	B	D	M	Q	D	N	G	X	A	Z	R	A	X	D	Q	W	X	R	X	V
E	L	G	A	R	H	T	Z	X	D	E	P	R	T	P	H	Q	E	V	C	I
J	G	F	P	W	V	M	D	U	Y	P	I	M	X	L	O	F	M	F	X	E
Q	D	T	K	I	Y	K	Q	M	M	A	V	J	N	O	B	K	V	L	G	V

1. clever
2. mindful
3. tender
4. magnetic

5. durable
6. uplifting
7. thankful
8. innovative

A. perceptive **B. encouraging** **C. robust**
D. resourceful **E. gentle** **F. personable**
G. obliged **H. scholarly**

Find the antonym from the word bank that matches the clue. Then, locate the hidden words moving up, down, left, or right with one turn and possible crossovers.

1. grasped
2. complicated
3. sufficiency
4. secure
5. superior
6. mislay
7. feeble
8. simple
9. imprison
10. adequate

A. complicated **B. inadequate** **C. ambivalent**
D. misunderstood **E. release** **F. lack**
G. find **H. mighty** **I. elementary**
J. inferior

Find the synonym of the bold word. Circle the correct answer.

1. **brisk**
   A. determined   B. thorough
   C. expressive   D. energetic
   E. charitable

2. **credible**
   A. durable   B. productive
   C. faithful   D. believable
   E. friendly

3. **dedicated**
   A. observant   B. merciful
   C. lively   D. flawless
   E. committed

4. **sincere**
   A. compassionate   B. dedicated
   C. capable   D. honest   E. kind

5. **inspired**
   A. motivated   B. fervent
   C. adjustable   D. truthful
   E. helpful

6. **vigilant**
   A. skilled   B. calm   C. alert
   D. brave   E. insightful

7. **flexible**
   A. animated   B. elated   C. eager
   D. adaptable   E. peaceful

8. **devoted**
   A. joyful   B. faithful   C. alert
   D. beautiful   E. considerate

9. **resilient**
   A. adaptable   B. durable
   C. bright   D. stable
   E. committed

10. **amiable**
    A. industrious   B. energetic
    C. friendly   D. contemplative
    E. shrewd

11. **ingenious**
    A. unwavering   B. outgoing
    C. trustworthy   D. creative
    E. enchanting

12. **daring**
    A. honest   B. bold   C. luminous
    D. elegant   E. sincere

13. **steadfast**
    A. believable   B. motivated
    C. agile   D. intelligent
    E. unwavering

14. **nimble**
    A. agile   B. adaptable   C. caring
    D. expressive   E. intelligent

Find the antonyms from the word bank that match the numbered clues. Then, locate each word in the letter grid and draw a line connecting its letters.

1.
J	X	O	H	M
K	A	C	S	E
K	R	E	X	G
H	E	L	A	E
W	S	S	Z	O

5.
E	U	G	F	T
H	O	S	T	I
O	U	Q	Y	L
E	F	D	O	E
I	N	W	Y	R

2.
D	Y	O	Y	W
O	C	Q	E	V
R	I	I	P	V
R	R	D	T	N
E	L	E	V	A

6.
M	G	C	M	G
E	U	O	S	A
E	T	U	T	H
E	K	R	W	E
L	X	J	N	M

3.
J	I	Z	B	H
L	C	H	G	E
A	I	A	H	C
O	T	O	Q	J
A	A	D	T	H

7.
I	N	G	A	Z
V	I	O	F	P
S	G	R	R	I
N	A	M	V	D
G	Y	B	S	M

4.
P	S	D	A	J
M	W	G	S	B
H	V	Y	C	R
O	L	U	P	U
U	S	Y	H	D

8.
I	W	G	O	M
J	Q	S	B	H
H	P	C	U	H
X	H	E	R	K
R	L	E	R	R

1. precise
2. connected
3. serene
4. corrupt

5. amiable
6. stupid
7. vengeful
8. lucid

A. forgiving	B. careless	C. astute	D. scrupulous
E. hostile	F. chaotic	G. irrelevant	H. obscure

Pick the synonym from the word bank for each clue and write it in the grid.

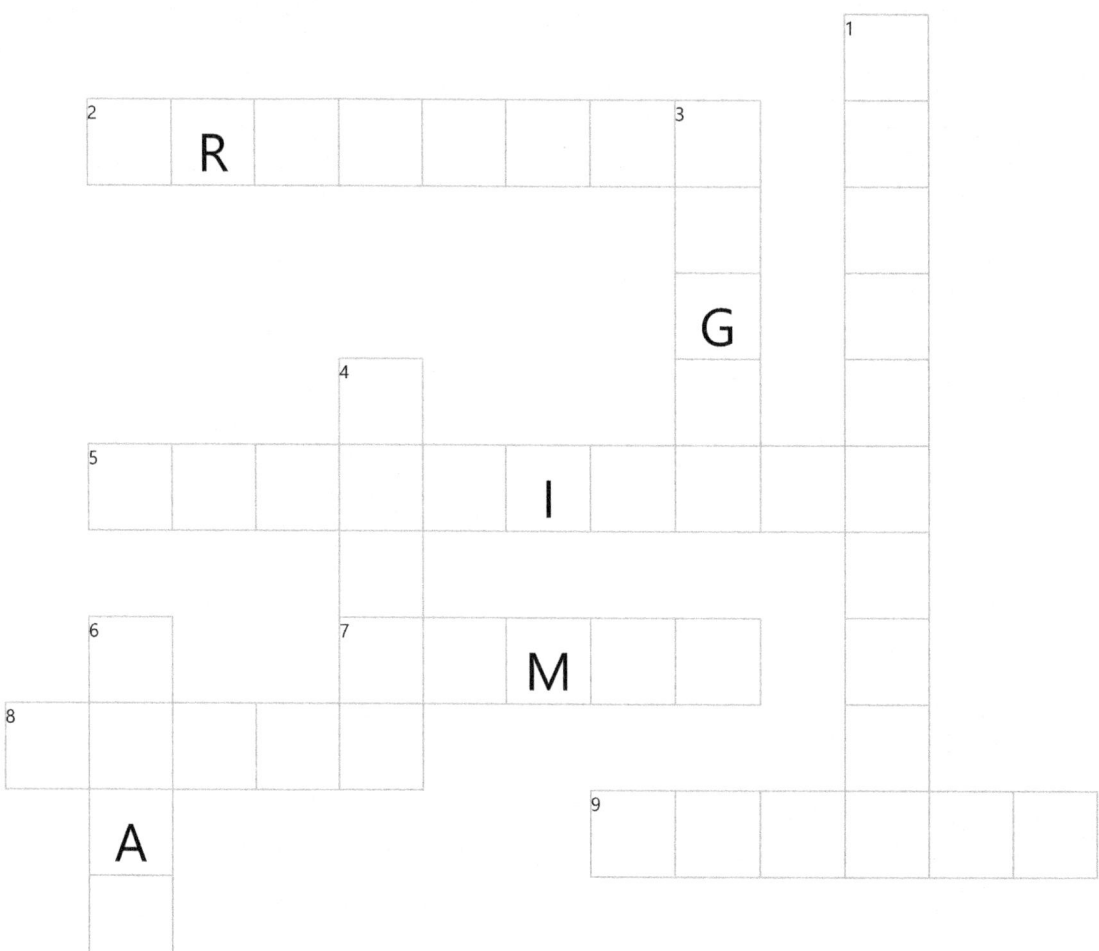

ACROSS
2. elegant
5. hopeful
7. fearful
8. weighty
9. contemporary

DOWN
1. efficient
3. airy
4. filthy
6. feeble

A. heavy	B. light	C. dirty	D. timid
E. weak	F. productive	G. optimistic	H. modern
I. graceful			

Find the antonym from the word bank and write it on the line.

1. _____ reasonable

2. _____ messy

3. _____ hopeful

4. _____ traditional

5. _____ tough

6. _____ generous

7. _____ straightforward

8. _____ cautious

9. _____ assured

10. _____ polite

11. _____ untrustworthy

12. _____ smooth

A. organized	B. insecure	C. rough	D. irrational
E. innovative	F. delicate	G. complicated	H. rude
I. pessimistic	J. adventurous	K. selfish	L. trustworthy

Find the synonym of the bold word. Circle the correct answer.

1. **friendly**
   A. grateful   B. dependable   C. focused   D. resourceful   E. amiable

2. **innovative**
   A. diligent   B. creative   C. hardworking   D. gentle   E. inspirational

3. **devoted**
   A. flexible   B. attentive   C. faithful   D. diplomatic   E. articulate

4. **reserved**
   A. amiable   B. modest   C. considerate   D. meticulous   E. proactive

5. **meek**
   A. charismatic   B. confident   C. inventive   D. creative   E. humble

6. **personable**
   A. authentic   B. faithful   C. generous   D. charismatic   E. empathetic

7. **poised**
   A. assertive   B. curious   C. graceful   D. humble   E. honest

8. **dependable**
   A. joyful   B. adventurous   C. compassionate   D. perceptive   E. reliable

9. **creative**
   A. imaginative   B. observant   C. reliable   D. practical   E. modest

10. **passionate**
    A. graceful   B. affectionate   C. genuine   D. optimistic   E. enthusiastic

11. **authentic**
    A. adaptable   B. forgiving   C. genuine   D. motivated   E. brilliant

12. **intuitive**
    A. inquisitive   B. persistent   C. dedicated   D. perceptive   E. capable

13. **creative**
    A. loyal   B. collaborative   C. inventive   D. jubilant   E. enthusiastic

Find the antonym from the word bank that matches the clue. Then, starting with the circled letter, follow the connected letters through the maze to the last letter. The path can move in any direction.

1. hot
2. heavy
3. dangerous
4. soft
5. deep
6. hate
7. dry
8. modern

A. safe **B. light** **C. shallow** **D. wet** **E. ancient**
F. love **G. cold** **H. hard**

Find the synonym from the word bank that matches the clue. Then, locate the hidden words moving up, down, left, or right with one turn and possible crossovers.

L	M	I	N	G	V	C	H	D	W	Z	Y	N	L	N	I	E	I	U	K
B	R	G	F	P	O	V	X	R	S	O	H	J	O	S	I	P	X	G	O
T	A	Y	L	H	O	B	N	T	Q	E	A	X	G	F	U	Q	O	S	X
V	H	E	L	B	A	D	P	X	L	O	O	O	Q	J	U	D	X	K	Y
T	C	B	L	Q	Y	N	Q	O	A	B	G	M	S	Q	A	E	U	C	U
W	Z	K	Z	V	S	E	N	W	T	Z	K	E	Z	N	G	P	Z	N	E
J	Z	P	C	J	T	P	U	N	R	Z	V	Y	O	M	W	O	S	I	B
L	N	U	F	X	E	E	T	F	Q	D	W	C	S	F	I	D	Q	N	Z
L	C	E	U	Q	A	D	F	A	S	T	Q	M	Y	T	T	D	O	A	U
I	R	I	P	S	L	L	Y	P	G	E	F	E	M	T	Y	L	G	K	P
T	L	F	Y	K	A	I	V	O	J	Z	T	S	H	B	M	D	Q	E	E
E	H	V	W	H	B	C	J	S	K	F	F	G	W	O	A	Z	D	T	R
D	B	Z	W	T	S	I	L	A	Y	O	L	J	T	N	E	T	S	I	S
K	S	C	E	U	U	T	E	H	T	A	P	M	Y	S	I	M	K	L	M
Q	A	X	I	Q	O	I	T	I	B	M	A	L	X	B	N	A	F	Z	R
O	L	T	S	E	H	L	D	T	K	Y	K	E	F	W	P	K	X	V	U

1. determined
2. humorous
3. lively
4. understanding
5. unwavering
6. cheerful
7. appealing
8. reliable
9. aspiring
10. devoted

A. charming   **B. persistent**   **C. spirited**   **D. witty**
E. jovial   **F. ambitious**   **G. loyal**   **H. steadfast**
I. sympathetic   **J. dependable**

Find the antonym of the bold word. Circle the correct answer.

1. **restless**
   A. flexible   B. irrational
   C. intelligent   D. rough
   E. patient

2. **unfair**
   A. drowsy   B. insecure
   C. distracted   D. impartial
   E. eager

3. **unpleasant**
   A. energetic   B. polished
   C. pleasant   D. conventional
   E. humble

4. **loyal**
   A. shallow   B. trustworthy
   C. biased   D. fragile   E. disloyal

5. **calm**
   A. sluggish   B. ambitious
   C. apathetic   D. lazy
   E. impatient

6. **contemporary**
   A. antique   B. impartial
   C. generous   D. sturdy   E. bright

7. **zealous**
   A. indifferent   B. adventurous
   C. pleasant   D. pessimistic
   E. reliable

8. **fixed**
   A. wavering   B. tough   C. simple
   D. curious   E. welcoming

9. **truthful**
   A. foolish   B. unoriginal   C. alert
   D. dishonest   E. timid

10. **honest**
    A. organized   B. impatient
    C. deceptive   D. harmonious
    E. antique

11. **impolite**
    A. respectful   B. patient
    C. innovative   D. callous
    E. modern

12. **happy**
    A. abrupt   B. logical
    C. melancholy   D. polite
    E. content

13. **respectful**
    A. respectful   B. cheerful
    C. brilliant   D. abrupt   E. disloyal

14. **organized**
    A. careless   B. disorganized
    C. indifferent   D. exclusive
    E. soft

Pick the synonym from the word bank for each clue and write it in the grid.

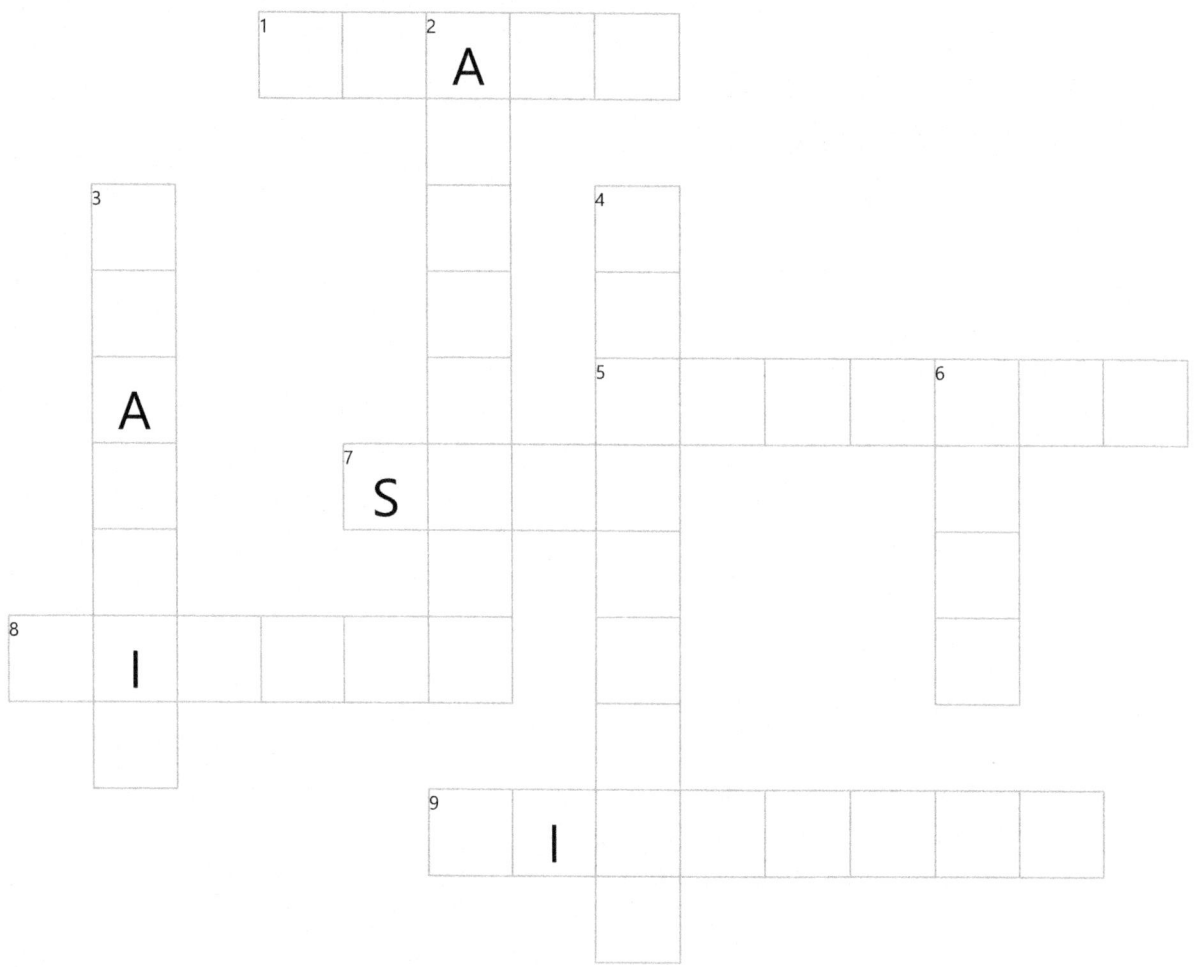

ACROSS
1. dense
5. murky
7. secure
8. quiet
9. industrious

DOWN
2. conceited
3. disordered
4. downcast
6. unlocked

A. silent	B. miserable	C. diligent	D. shadowy
E. open	F. heavy	G. arrogant	H. chaotic
I. safe			

Find the antonym from the word bank and write it on the line.

1. _____ foolish

2. _____ unfaithful

3. _____ tough

4. _____ fragile

5. _____ inconsiderate

6. _____ kind

7. _____ fast

8. _____ noisy

9. _____ satisfied

10. _____ mournful

11. _____ merry

12. _____ interested

A. dissatisfied	B. thoughtful	C. quiet	D. loyal
E. callous	F. serious	G. sluggish	H. sturdy
I. wise	J. joyful	K. apathetic	L. delicate

Find the synonym of the bold word. Circle the correct answer.

1. **truthful**
   A. optimistic   B. uplifting   C. thoughtful   D. inspiring   E. sincere

2. **sensible**
   A. practical   B. patient   C. meticulous   D. steadfast   E. wise

3. **obliged**
   A. zestful   B. ambitious   C. focused   D. grateful   E. bold

4. **observant**
   A. practical   B. persistent   C. perceptive   D. tactful   E. insightful

5. **honest**
   A. adaptable   B. placid   C. trustworthy   D. resilient   E. grateful

6. **empathetic**
   A. capable   B. profound   C. devoted   D. sympathetic   E. influential

7. **brilliant**
   A. vigilant   B. generous   C. sincere   D. intelligent   E. jubilant

8. **happy**
   A. cheerful   B. collaborative   C. articulate   D. intelligent   E. harmonious

9. **balanced**
   A. harmonious   B. fearless   C. creative   D. philanthropic   E. graceful

10. **adjustable**
    A. dependable   B. adaptable   C. compassionate   D. hardworking   E. radiant

11. **team-oriented**
    A. sympathetic   B. benevolent   C. collaborative   D. kind-hearted   E. jovial

12. **motivating**
    A. amiable   B. trustworthy   C. eager   D. uplifting   E. inquisitive

13. **loyal**
    A. tenacious   B. imaginative   C. perceptive   D. devoted   E. loyal

Find the antonym from the word bank that matches the clue. Then, starting with the circled letter, follow the connected letters through the maze to the last letter. The path can move in any direction.

B	R	F	S	D	Z	H	R	Y	B	A	B	I	G	P	L	D	S	Z	H	L
Q	Q	S	R	Y	V	K	M	T	Q	Q	P	A	S	I	D	K	R	D	P	V
O	D	T	E	Q	F	Q	N	F	D	T	F	U	L	A	M	B	F	E	X	E
F	L	K	L	H	O	H	H	T	A	V	S	Q	B	N	Z	M	I	P	T	Z
O	M	X	K	G	G	H	R	J	M	Z	S	Q	J	S	I	T	I	R	J	F
L	D	X	M	E	K	N	M	O	W	O	D	F	R	Z	M	B	A	H	Z	Q
K	N	W	A	Z	R	V	Q	S	Z	Y	J	U	C	J	Z	X	C	W	U	E
U	P	L	O	L	S	T	V	S	I	K	J	O	B	P	B	M	E	S	S	V
V	X	P	T	K	O	I	M	P	L	E	D	N	D	Y	L	F	M	Q	X	L
L	N	Z	B	U	A	D	R	O	I	A	L	A	I	C	I	F	I	F	B	U
X	K	X	D	B	J	E	T	A	C	Y	S	V	U	A	D	D	T	R	A	E
I	O	K	Y	D	C	L	R	P	B	R	S	A	(H)	Q	E	A	E	N	T	L
A	V	G	B	T	F	N	V	Q	S	A	H	P	P	Y	N	R	G	D	R	E
D	R	F	Q	R	M	W	Y	M	M	H	P	W	D	P	C	S	H	J	A	H
G	K	L	I	D	M	T	A	V	P	H	S	V	J	R	Z	T	R	O	N	G

1. unhappy
2. distant
3. brittle
4. soft

5. abrasive
6. real
7. robust
8. bright

A. dim **B. gentle** **C. strong** **D. delicate**
E. happy **F. hard** **G. near** **H. artificial**

Find the synonym from the word bank that matches the clue. Then, locate the hidden words moving up, down, left, or right with one turn and possible crossovers.

K	Y	O	U	T	H	F	U	H	N	F	F	S	V	N	M	Q	H	T	C
I	U	T	A	F	Y	E	L	S	X	Q	W	L	N	N	S	H	A	M	I
L	F	L	O	O	L	L	D	C	A	L	X	K	D	A	B	L	E	I	A
R	F	O	I	Z	V	Y	U	Q	A	D	T	N	N	Q	G	I	V	Q	B
T	R	E	D	G	B	K	V	F	N	X	J	P	E	X	I	E	M	G	L
I	P	Y	R	X	F	O	W	I	Q	O	K	O	P	K	L	V	Y	U	E
N	I	I	H	U	E	G	H	J	A	H	C	P	E	I	A	U	C	M	J
W	M	O	W	L	Y	S	Z	W	R	I	K	T	D	M	N	R	E	V	P
G	X	K	V	L	U	S	Y	O	M	N	B	I	P	V	T	F	M	E	E
I	R	H	O	K	F	E	A	M	I	D	J	M	Z	U	C	W	N	L	J
A	C	N	M	W	R	N	R	G	N	W	L	I	Y	O	B	D	Y	C	H
H	Q	I	K	H	P	A	L	S	G	H	B	S	D	X	Y	Q	T	O	G
J	X	L	S	O	C	Z	E	O	Y	X	M	T	I	C	G	I	A	I	I
L	S	M	T	M	O	D	S	C	K	C	V	E	U	O	Q	I	F	S	K
H	S	G	E	M	S	E	S	Q	U	L	J	D	U	J	H	T	U	M	G
E	G	A	A	D	F	A	S	T	D	G	N	J	S	Y	F	Z	I	P	G

1. intelligent
2. alert
3. compassionate
4. valiant
5. reliable
6. energetic
7. unwavering
8. positive
9. friendly
10. appealing

A. fearless   **B. optimistic**   **C. dependable**   **D. vigilant**
E. amiable   **F. steadfast**   **G. youthful**   **H. clever**
I. charming   **J. kind**

Find the antonym of the bold word. Circle the correct answer.

1. **shrewd**
   A. pristine   B. naive
   C. flamboyant   D. optional
   E. opaque

2. **detached**
   A. ardent   B. serendipitous
   C. modest   D. exuberant
   E. astute

3. **courageous**
   A. timid   B. shallow   C. forgiving
   D. equitable   E. hidden

4. **secluded**
   A. verbose   B. lifeless
   C. vulnerable   D. tangible
   E. accessible

5. **mumbling**
   A. gregarious   B. futile
   C. ineffective   D. eloquent
   E. timid

6. **serene**
   A. ephemeral   B. eloquent
   C. chaotic   D. virtuous
   E. idealistic

7. **unpredictable**
   A. solid   B. conspicuous
   C. steadfast   D. subdued
   E. harmony

8. **tranquil**
   A. capricious   B. turbulent
   C. clear   D. fragile   E. indifferent

9. **direct**
   A. benign   B. placid   C. scarce
   D. tranquil   E. ambiguous

10. **untouchable**
    A. steadfast   B. independent
    C. biased   D. tangible   E. inferior

11. **incipient**
    A. imminent   B. quintessential
    C. ambiguous   D. amiable
    E. mature

12. **spoiled**
    A. insipid   B. confused
    C. chaotic   D. pristine
    E. straightforward

13. **showy**
    A. lucid   B. solitary
    C. impeccable   D. subdued
    E. accessible

14. **chaotic**
    A. productive   B. malignant
    C. errant   D. succinct   E. tranquil

Pick the synonym from the word bank for each clue and write it in the grid.

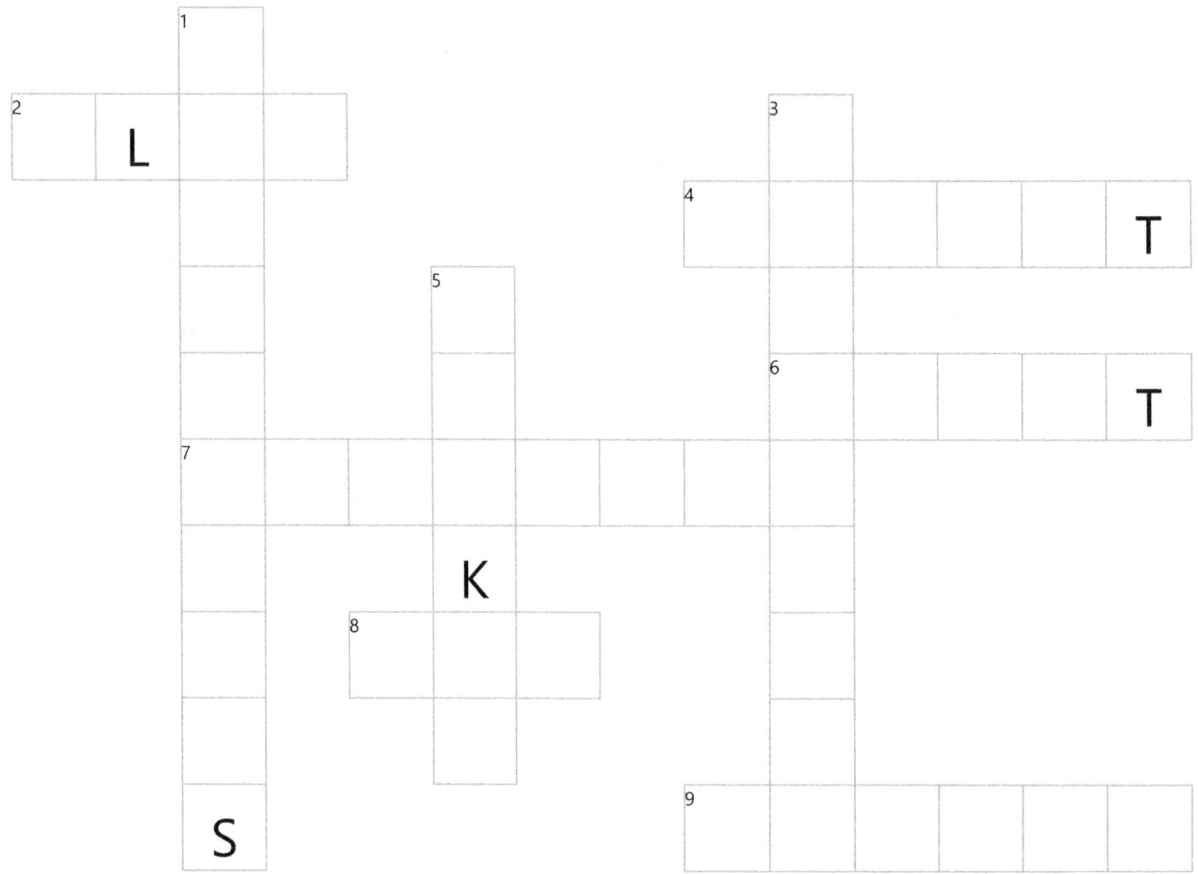

ACROSS
2. sluggish
4. radiant
6. lightweight
7. elegant
8. elderly
9. powerful

DOWN
1. brave
3. clever
5. changeable

A. light
B. slow
C. brilliant
D. fickle
E. courageous
F. bright
G. graceful
H. old
I. strong

Find the antonym from the word bank and write it on the line.

1. _____ happy

2. _____ fearful

3. _____ supportive

4. _____ foolish

5. _____ inventive

6. _____ resolute

7. _____ quiet

8. _____ unrefined

9. _____ dishonest

10. _____ modest

11. _____ calm

12. _____ coarse

A. soft	B. unhelpful	C. hesitant
D. violent	E. truthful	F. bold
G. boisterous	H. conventional	I. arrogant
J. melancholy	K. polished	L. wise

Find the synonym of the bold word. Circle the correct answer.

1. **expressive**
   A. encouraging   B. articulate   C. gentle   D. motivated   E. authentic

2. **hopeful**
   A. persistent   B. adventurous   C. resourceful   D. inventive   E. encouraging

3. **devoted**
   A. dedicated   B. positive   C. intelligent   D. diligent   E. imaginative

4. **perceptive**
   A. practical   B. considerate   C. generous   D. observant   E. modest

5. **dedicated**
   A. meticulous   B. loyal   C. humble   D. dedicated   E. forgiving

6. **tactful**
   A. grateful   B. brilliant   C. hardworking   D. diplomatic   E. dependable

7. **industrious**
   A. attentive   B. hardworking   C. compassionate   D. jubilant   E. faithful

8. **loving**
   A. assertive   B. affectionate   C. diplomatic   D. amiable   E. focused

9. **devoted**
   A. loyal   B. faithful   C. helpful   D. adaptable   E. inspirational

10. **upright**
    A. honest   B. proactive   C. capable   D. affectionate   E. observant

11. **obliged**
    A. curious   B. grateful   C. confident   D. enthusiastic   E. flexible

12. **flexible**
    A. perceptive   B. optimistic   C. genuine   D. adaptable   E. joyful

13. **reliable**
    A. graceful   B. dependable   C. collaborative   D. inquisitive   E. empathetic

Find the antonym from the word bank that matches the clue. Then, starting with the circled letter, follow the connected letters through the maze to the last letter. The path can move in any direction.

P	X	G	E	R	T	P	E	E	O	G	T	B	A	J	X	I	N	H	Y	F
I	R	N	H	W	H	U	G	S	S	P	T	O	V	F	M	P	B	Z	O	X
V	K	R	M	A	Z	I	G	B	I	K	S	F	H	G	S	W	U	L	U	Y
M	W	R	A	N	E	(W)	E	D	L	T	L	H	J	I	M	G	W	U	W	H
M	Z	R	J	E	A	I	T	W	O	Z	U	S	G	O	U	Z	J	O	A	M
N	V	F	V	I	W	K	A	E	C	I	X	U	Z	W	C	Y	E	I	Y	U
M	M	Z	E	P	E	M	O	D	Q	A	D	R	A	H	A	F	T	P	J	C
S	V	I	I	L	H	E	J	E	N	N	B	R	L	L	T	Z	X	P	H	J
L	A	P	B	O	M	J	N	R	I	X	F	A	E	L	H	R	J	T	O	R
H	B	T	Q	S	B	T	Q	L	O	U	S	Z	K	A	I	S	W	F	T	K
Y	K	D	I	N	Q	H	U	W	Z	G	G	A	B	M	S	W	S	Y	X	C
S	W	W	Q	R	K	E	I	G	D	C	D	E	Q	J	Y	V	H	N	V	K
W	S	Z	Q	F	D	T	T	I	M	I	D	L	Q	T	X	A	E	A	E	R
L	U	T	J	D	S	J	V	T	M	X	O	O	H	S	S	B	K	O	L	C
E	R	I	W	L	P	F	D	T	H	S	Y	Y	A	L	C	L	O	S	E	D

1. dry
2. strong
3. outdated
4. loud
5. courageous
6. unfaithful
7. open
8. messy
9. light
10. huge
11. soft
12. calm

A. weak   **B.** wet   **C.** modern   **D.** loyal   **E.** timid
F. quiet   **G.** closed   **H.** small   **I.** hard   **J.** anxious
K. clean   **L.** heavy

Find the synonym of the bold word. Circle the correct answer.

1. **impeccable**
   A. bright   B. calm   C. flawless
   D. alert   E. believable

2. **articulate**
   A. shrewd   B. creative   C. eager
   D. durable   E. expressive

3. **bustling**
   A. merciful   B. insightful
   C. lively   D. observant
   E. compassionate

4. **meticulous**
   A. friendly   B. unwavering
   C. committed   D. bold
   E. thorough

5. **steadfast**
   A. kind   B. trustworthy
   C. luminous   D. thorough
   E. unwavering

6. **devoted**
   A. agile   B. elegant   C. skilled
   D. faithful   E. stable

7. **balanced**
   A. peaceful   B. beautiful
   C. productive   D. stable
   E. enchanting

8. **pensive**
   A. contemplative   B. outgoing
   C. lively   D. brave   E. industrious

9. **competent**
   A. helpful   B. truthful
   C. capable   D. dedicated
   E. charitable

10. **ingenious**
    A. adjustable   B. joyful
    C. considerate   D. adaptable
    E. creative

11. **serene**
    A. intelligent   B. motivated
    C. peaceful   D. expressive
    E. energetic

12. **nimble**
    A. flawless   B. elated   C. honest
    D. agile   E. fervent

13. **reliable**
    A. faithful   B. trustworthy
    C. sincere   D. caring
    E. contemplative

14. **efficient**
    A. productive   B. faithful
    C. bright   D. animated
    E. determined

Find the antonyms from the word bank that match the numbered clues. Then, locate each word in the letter grid and draw a line connecting its letters.

1.
V	D	N	I	F
M	I	G	O	U
H	Y	A	P	O
B	M	W	E	A
Y	Y	I	N	E

2.
F	C	D	C	N
H	H	B	T	I
N	E	U	C	B
M	A	P	W	O
C	W	S	K	S

3.
D	E	L	O	U
O	O	Z	U	D
I	G	G	D	Q
L	S	F	J	I
A	E	R	V	Z

4.
N	K	S	Q	D
W	B	P	E	U
F	R	G	N	T
T	A	D	W	N
H	V	E	Q	O

5.
F	B	R	E	F
Y	V	K	T	R
T	N	F	G	A
D	K	F	I	C
Q	M	U	L	E

6.
I	Q	U	O	S
V	G	P	O	J
V	T	J	G	E
W	O	X	A	S
I	S	E	N	Z

7.
X	T	O	B	L
U	A	I	M	S
U	L	L	Q	P
G	L	G	G	I
Q	J	X	D	P

8.
V	Q	X	I	V
U	S	N	U	U
K	K	C	I	Y
R	M	O	X	O
I	P	L	E	R

1. bolted
2. luxurious
3. serene
4. fearful
5. resilient
6. unwise
7. stumpy
8. easy

A. fragile	**B. brave**	**C. open**	**D. wise**
E. cheap	**F. tall**	**G. complex**	**H. loud**

Pick the synonym from the word bank for each clue and write it in the grid.

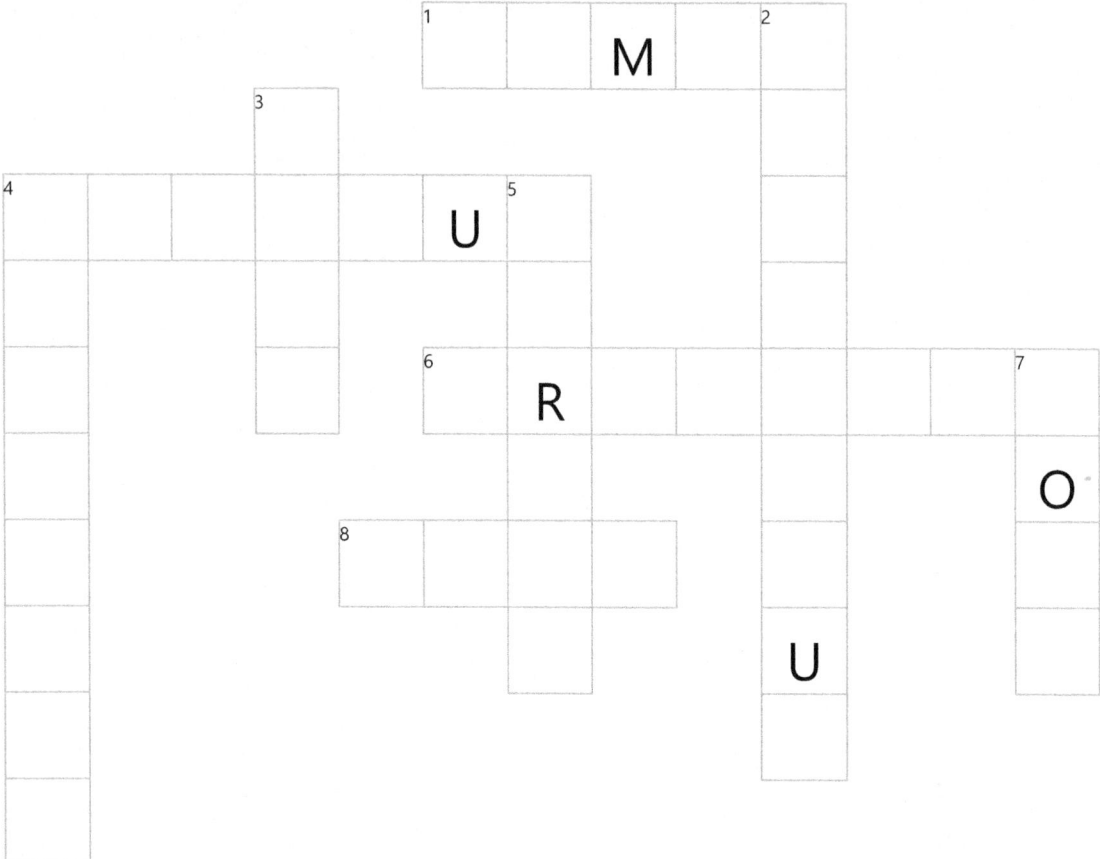

ACROSS
1. fearful
4. inquisitive
6. elegant
8. compassionate

DOWN
2. risky
3. elevated
4. joyous
5. powerful
7. noisy

A. graceful	B. strong	C. curious	D. kind
E. cheerful	F. dangerous	G. loud	H. high
I. timid			

Find the antonym from the word bank and write it on the line.

1. _____ deep

2. _____ bright

3. _____ robust

4. _____ dishonest

5. _____ elegant

6. _____ rough

7. _____ idle

8. _____ pessimistic

9. _____ mournful

10. _____ motivated

11. _____ calm

12. _____ kind

A. fragile	B. lazy	C. impatient	D. ambitious
E. clumsy	F. truthful	G. joyful	H. shallow
I. optimistic	J. dull	K. gentle	L. callous

Find the synonym of the bold word. Circle the correct answer.

1. **attentive**
   A. focused   B. intelligent   C. grateful   D. resourceful   E. inventive

2. **sincere**
   A. joyful   B. persistent   C. attentive   D. genuine   E. faithful

3. **visionary**
   A. amiable   B. inventive   C. modest   D. jubilant   E. humble

4. **understanding**
   A. genuine   B. compassionate   C. brilliant   D. forgiving   E. creative

5. **devoted**
   A. charismatic   B. hardworking   C. helpful   D. faithful   E. diligent

6. **inquisitive**
   A. focused   B. diplomatic   C. practical   D. curious   E. observant

7. **pliant**
   A. assertive   B. flexible   C. empathetic   D. graceful   E. dedicated

8. **confident**
   A. loyal   B. articulate   C. encouraging   D. assertive   E. compassionate

9. **hardworking**
   A. diligent   B. generous   C. collaborative   D. inspirational   E. optimistic

10. **insightful**
    A. reliable   B. perceptive   C. imaginative   D. dependable   E. considerate

11. **relentless**
    A. meticulous   B. inquisitive   C. adventurous   D. confident   E. persistent

12. **energetic**
    A. capable   B. perceptive   C. adaptable   D. enthusiastic   E. proactive

13. **reserved**
    A. gentle   B. humble   C. motivated   D. positive   E. affectionate

Find the antonym from the word bank that matches the clue. Then, starting with the circled letter, follow the connected letters through the maze to the last letter. The path can move in any direction.

A	K	J	Y	O	G	C	M	V	K	M	T	E	R	G	X	V	S	P	W	P
Z	A	D	T	R	I	Y	F	J	Q	W	P	T	F	E	X	L	C	D	N	A
Z	H	I	W	Y	N	Y	V	H	W	K	L	E	B	J	F	F	W	Y	E	H
L	U	Q	D	K	L	B	A	J	Q	L	I	P	Z	S	U	W	S	U	Z	K
B	T	M	D	O	E	U	R	G	F	E	J	S	O	N	S	T	O	C	W	U
Y	G	Y	D	P	C	Q	K	I	D	D	E	X	J	A	E	A	V	H	G	J
D	L	H	Y	W	L	F	C	D	E	S	D	P	N	O	Z	Z	B	D	G	
X	B	A	F	V	E	M	O	S	S	U	P	L	U	V	Q	E	S	R	L	H
E	Y	L	A	H	F	N	P	A	W	F	D	C	F	J	G	T	A	G	S	O
L	M	X	O	E	J	S	X	T	R	V	G	K	S	Y	S	C	P	E	O	Y
Z	Y	R	W	P	K	C	I	H	I	M	I	O	L	K	L	R	K	S	T	T
M	N	M	C	W	V	S	F	P	A	F	Y	L	D	N	E	I	R	F	N	U
U	K	E	M	G	Q	P	M	(B)	O	H	T	Q	T	Q	I	E	R	O	U	S
B	W	U	G	M	K	O	C	D	L	A	Z	F	Z	Q	C	G	N	A	D	W
R	L	C	E	F	M	G	H	E	A	P	L	A	T	E	S	H	A	L	L	O

1. shy
2. costly
3. early
4. deep

5. safe
6. amicable
7. biased
8. thin

A. late   **B.** thick   **C.** unfriendly   **D.** cheap
E. dangerous   **F.** fair   **G.** bold   **H.** shallow

Pick the synonym from the word bank for each clue and write it in the grid.

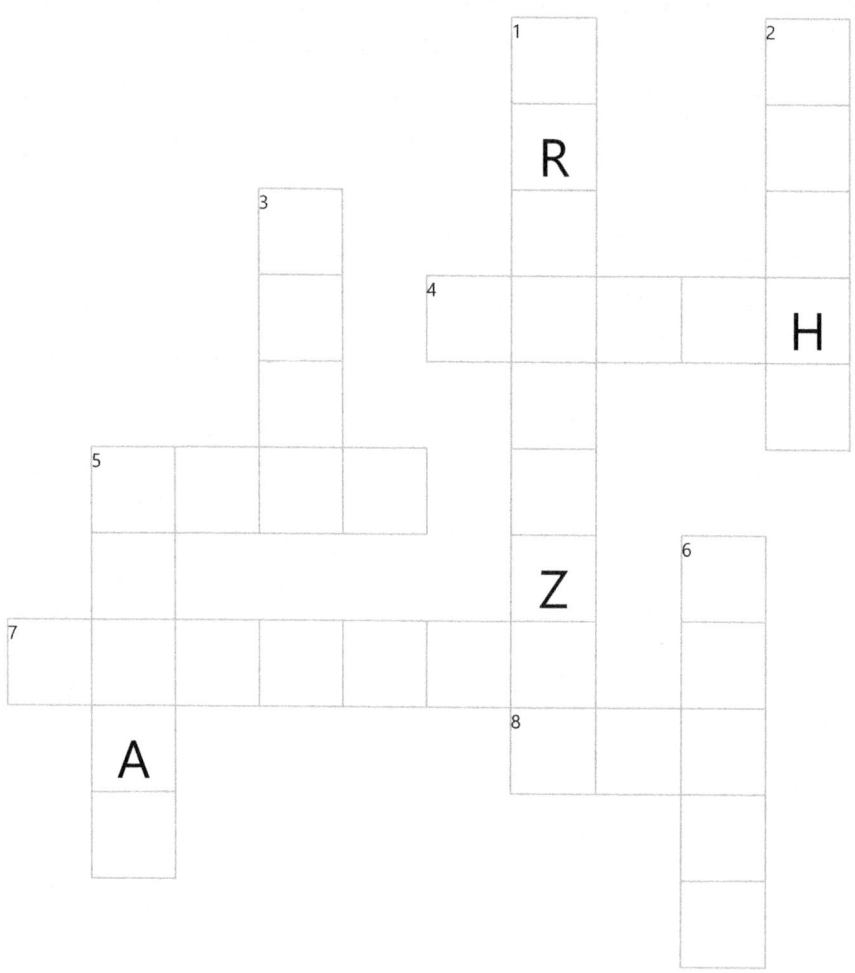

ACROSS
2. systematic
5. weighty
7. modest
8. just
9. quiet

DOWN
1. inactive
3. risky
4. heedless
6. archaic

A. calm B. clean C. harsh D. organized
E. genuine F. full G. light H. timid
I. dim

Find the antonym from the word bank and write it on the line.

1. _____ polite

2. _____ contemporary

3. _____ fair

4. _____ traditional

5. _____ content

6. _____ dim

7. _____ tough

8. _____ noisy

9. _____ serious

10. _____ reasonable

11. _____ modest

12. _____ caring

A. antique	B. miserable	C. bright	D. careless
E. irrational	F. rude	G. innovative	H. playful
I. quiet	J. arrogant	K. delicate	L. biased

Find the synonym of the bold word. Circle the correct answer.

1. **end**
   A. crowd   B. request   C. finish   D. mix   E. require

2. **arrive**
   A. thrill   B. distribute   C. brief   D. value   E. reach

3. **glance**
   A. glimpse   B. flawless   C. accurate   D. huge   E. strut

4. **disappoint**
   A. journey   B. upset   C. common   D. rot   E. rough

5. **desolate**
   A. persuade   B. satisfy   C. barren   D. clean   E. danger

6. **shrivel**
   A. sprinkle   B. shrink   C. middle   D. burn   E. repair

7. **ravage**
   A. destroy   B. complete   C. participate   D. decide   E. positive

8. **tarnish**
   A. stain   B. handy   C. catastrophe   D. hurry   E. frequent

9. **linger**
   A. remain   B. weak   C. bravery   D. find   E. serious

10. **exhilarate**
    A. humble   B. horrible   C. begin   D. gaunt   E. thrill

11. **scanty**
    A. astonish   B. young   C. explain   D. meager   E. merge

12. **sneer**
    A. redirect   B. worsen   C. scorn   D. reach   E. balance

13. **withhold**
    A. barren   B. retain   C. unusual   D. reduce   E. gentle

Find the antonym from the word bank that matches the clue. Then, starting with the circled letter, follow the connected letters through the maze to the last letter. The path can move in any direction.

H	Z	O	B	B	Q	R	P	S	K	B	B	I	Z	H	A	H	M	B	R	V
O	E	X	B	A	L	O	N	H	A	T	R	R	S	Q	I	W	U	A	Q	C
C	H	W	V	T	Z	O	Y	Y	D	T	F	A	S	V	R	A	A	F	C	C
K	J	I	K	Q	H	Q	R	L	S	B	A	S	M	X	A	F	H	M	A	O
I	W	A	L	R	Z	V	R	W	T	U	N	O	L	C	A	R	X	O	L	C
R	X	G	N	L	R	E	H	G	X	Q	E	S	V	E	S	T	C	R	A	E
O	C	M	I	Y	Z	H	U	A	O	Y	D	V	H	R	A	R	Y	L	O	N
M	S	V	Z	M	U	F	U	C	H	V	L	I	I	G	K	T	Y	A	M	M
B	B	B	L	M	P	L	F	O	N	E	L	S	N	D	K	D	F	Y	(C)	O
N	K	R	O	L	I	Y	S	I	X	E	B	I	A	M	Z	Z	G	H	B	A
R	O	N	W	A	N	V	I	S	I	N	W	F	B	G	F	O	G	H	C	J
Z	C	W	X	Y	R	D	E	L	B	X	P	V	I	A	W	A	O	C	L	G
I	J	F	V	O	W	G	F	K	Q	E	Q	I	F	J	X	T	K	P	A	E
K	E	C	C	S	F	W	D	N	I	D	P	Z	X	F	A	L	N	N	S	W
L	G	S	Z	N	D	R	Z	G	E	M	L	C	X	F	D	T	V	R	K	C

1. rare
2. late
3. frequent
4. open

5. hidden
6. quiet
7. seen
8. soaked

A. dry **B. early** **C. noisy** **D. closed**
E. invisible **F. visible** **G. common** **H. rare**

Pick the synonym from the word bank for each clue and write it in the grid.

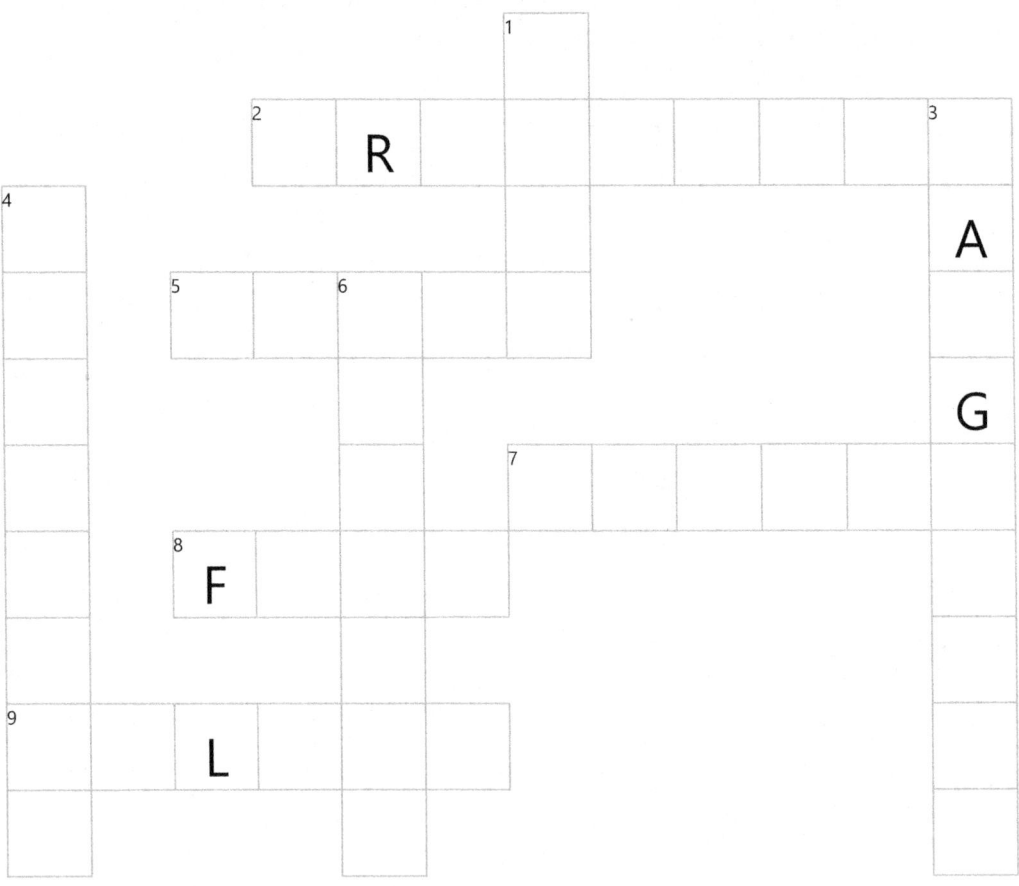

ACROSS
2. systematic
5. weighty
7. modest
8. just
9. quiet

DOWN
1. inactive
3. risky
4. heedless
6. archaic

A. careless	B. silent	C. lazy	D. fair
E. dangerous	F. heavy	G. humble	H. ancient
I. organized			

Find the antonym from the word bank and write it on the line.

1. _____ shallow

2. _____ coarse

3. _____ hopeful

4. _____ fast

5. _____ unpleasant

6. _____ melodious

7. _____ elegant

8. _____ neat

9. _____ attentive

10. _____ rejecting

11. _____ jarring

12. _____ modest

A. arrogant	B. soft	C. distracted
D. pleasant	E. disorganized	F. deep
G. clumsy	H. sluggish	I. discordant
J. harmonious	K. pessimistic	L. welcoming

Find the synonym of the bold word. Circle the correct answer.

1. **reserved**
   A. charismatic   B. empathetic   C. positive   D. humble   E. capable

2. **intuitive**
   A. jubilant   B. considerate   C. faithful   D. perceptive   E. joyful

3. **thoughtful**
   A. attentive   B. flexible   C. brilliant   D. adventurous   E. loyal

4. **merciful**
   A. forgiving   B. dedicated   C. inquisitive   D. focused   E. amiable

5. **intelligent**
   A. hardworking   B. humble   C. forgiving   D. brilliant   E. generous

6. **real**
   A. authentic   B. diligent   C. dependable   D. adaptable   E. compassionate

7. **courteous**
   A. encouraging   B. diplomatic   C. perceptive   D. attentive   E. helpful

8. **knowledgeable**
   A. intelligent   B. inventive   C. optimistic   D. reliable   E. graceful

9. **concentrated**
   A. practical   B. honest   C. authentic   D. genuine   E. focused

10. **buoyant**
    A. intelligent   B. optimistic   C. assertive   D. meticulous   E. enthusiastic

11. **authentic**
    A. confident   B. collaborative   C. genuine   D. gentle   E. proactive

12. **clever**
    A. curious   B. creative   C. inspirational   D. resourceful   E. modest

13. **bold**
    A. affectionate   B. resourceful   C. observant   D. adventurous   E. imaginative

Find the antonym from the word bank that matches the clue. Then, starting with the circled letter, follow the connected letters through the maze to the last letter. The path can move in any direction.

A	I	U	G	H	N	Q	C	P	J	F	C	Q	K	A	V	L	V	L	B	B
T	E	T	N	V	W	T	N	(S)	O	N	A	O	O	W	S	G	E	I	F	O
E	P	G	D	B	O	F	B	T	R	G	H	O	S	S	I	L	E	Y	T	U
H	B	A	H	E	A	S	L	Q	X	O	A	P	P	Y	M	P	I	N	O	U
Q	G	X	E	W	N	F	G	H	M	U	Q	D	F	H	U	I	A	S	P	H
U	H	V	S	Z	Z	I	M	D	N	R	S	O	H	U	E	X	N	I	Z	D
K	V	K	N	N	A	P	G	R	B	U	L	R	I	N	R	E	C	W	Y	H
Z	J	L	F	F	W	F	T	D	U	U	B	B	W	I	Q	U	E	B	R	I
I	Q	X	F	F	U	G	G	G	M	H	Y	N	B	L	E	T	H	G	I	U
T	H	H	N	N	Y	F	Y	F	U	K	G	U	E	P	O	L	F	M	D	A
K	R	T	N	T	C	F	S	X	Y	S	R	S	P	A	V	E	S	H	U	O
U	U	S	S	G	A	Z	W	A	L	H	S	S	A	X	L	T	L	O	W	C
A	T	N	K	I	F	H	Z	M	C	S	Q	T	X	V	Q	S	I	H	R	L
T	N	X	C	T	K	E	G	S	U	G	W	X	G	A	A	K	M	M	L	G
N	X	D	K	S	K	W	B	H	P	D	B	R	H	G	Q	I	O	V	C	T

1. feeble
2. unhappy
3. complicated
4. genuine
5. ordinary
6. dim
7. hate
8. quick

A. simple **B. love** **C. unique** **D. happy**
E. strong **F. insincere** **G. bright** **H. slow**

Pick the synonym from the word bank for each clue and write it in the grid.

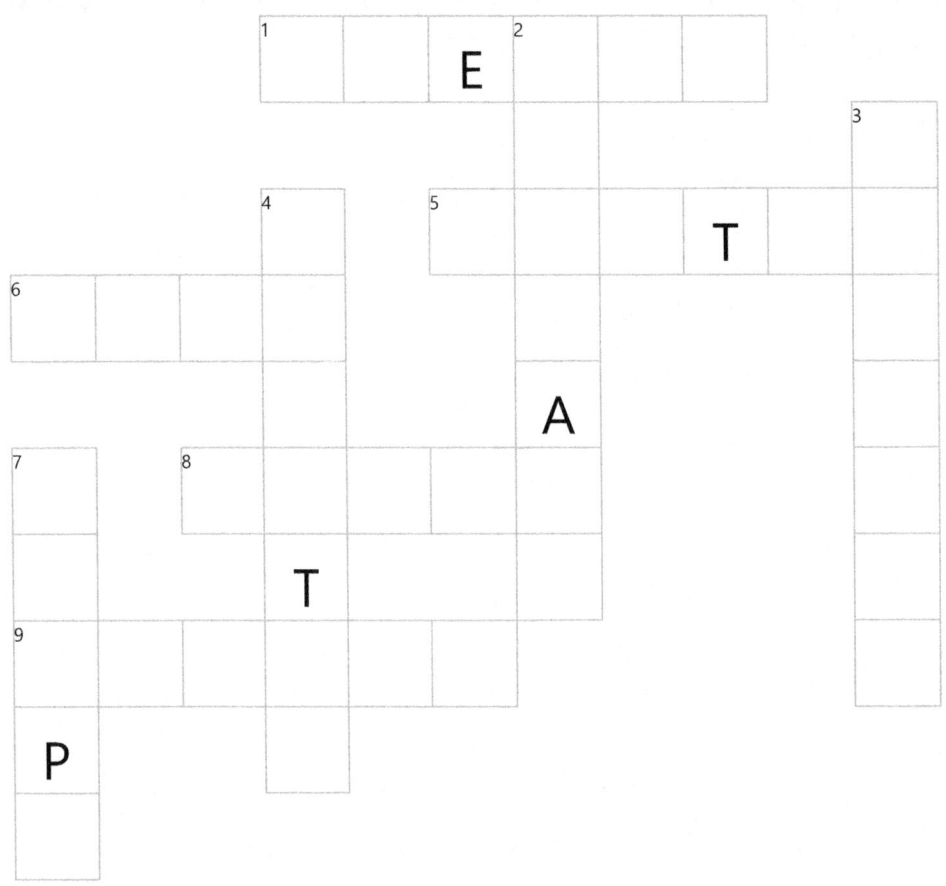

ACROSS
1. stable
5. tender
6. elevated
8. youthful
9. courteous

DOWN
2. ordinary
3. authentic
4. disordered
7. joyful

A. gentle	B. chaotic	C. genuine	D. young	E. polite
F. happy	G. steady	H. average	I. high	

Printed in Dunstable, United Kingdom